放鬆、專注，凝聚這一刻的力量，超越巔峰

恆定力

THE POWER OF UNWAVERING FOCUS

丹達帕尼 Dandapani／著
盧相如／譯

suncolor 三采文化

這本書獻給我的上師
席瓦亞·蘇布拉穆尼亞斯瓦米
（SATGURU SIVAYA SUBRAMUNIYASWAMI）
慈愛的古魯德瓦

他無條件的愛與帶領我展開靈性追求的個人承諾，激發我撰寫本書。
他贈予我的教義、工具，是了悟真我與體驗內在神性的最大禮物。
他教給我的基礎教義，就在本書的紙頁間。

目錄

CONTENTS

第二部 神祕的心智

第3章 理解心智

第4章 覺知去哪裡，能量就流向哪裡

第四部 心智的萬靈丹

第10章 活用方法

前言

有幸以一名受戒的印度教僧侶身分，與我的上師在他隱居的寺院生活一段時日，是我此生最大的福氣。我學到很多，也意識到還有很多東西需要再學習。上師知道我一生的職志何在，明白他無法親自指導我一輩子，於是傾注心力為我的所學奠定基礎。遺憾的是，他擔心的事應驗得太快，我待在寺院的第三年，他便溘然長逝。

上師去世的第七年，我已在他的寺院做了十年僧侶。當時我選擇不再續誓，打算涉足塵世，以紐約為家，並以印度教祭司的身分生活。在印度教中，祭司可以過尋常的家庭生活，像大多數人一樣結婚、工作和謀生。

二〇〇八年下半年，全球金融危機最嚴峻的時候，我帶著兩套僧袍、一千美元和一台蘋果筆電離開了寺院。現金和筆電是寺院的慷慨饋贈，資助我踏出在塵世謀生的第一步。儘管物質生活匱乏，但上師教我理解並應用的一系列教義和方法，幫助我開展了精神之旅。

我深知自己需要這些教義來創造下一個階段的人生，我見到它們在寺院發揮的作用，明白它們在塵世也能同樣有效。這些以普遍真理為基礎的古老教義歷久不衰，不論我在哪裡、做什麼，對我的影響始終不變，也適用於任何能掌握並理解它們的人。

身為一名僧侶，我常聽到寺院訪客說：「要在夏威夷的寧靜寺院裡過得有目標又快樂，不是難事。」我對此沒有異議。寺院生活儘管充滿挑戰，但在一個支持這種生活的環境中實踐教義，確實容易許多。然而，從我在生活中實踐教義的經驗和結果來看，我深深相信，它們也能在寺院以外發揮同樣的作用。

我開始擁抱創業生活，成為企業家、運動員及各行各業的顧問，幫助大眾理解並平衡自己的心靈，活得充實而快樂。但是，唯有我能在自己的生活中成功應用這些教義，顧問一角才有實質意義。我的生活和環境發生了巨大變化，我必須提出新方法，在身為丈夫、父親、企業家的生活中應用這些教義，並隨著個人成長與客戶的變化，持續改善實踐教義的方式。

離開寺院十多年以來，我可以自信地向你保證，這些教義在寺院外也能發揮和在寺院裡一樣的作用。我非常高興能看到一個七歲孩子運用它們來擺脫焦慮，我也見過成功的企業家和運動員使用它們來提高表現，改善生活。世界各地都有人分享教義如何影響生活，無數的見證肯定了我最初的直覺。這些教義的成效有目共睹，始終如一。

在本書裡，我將與你分享當年上師教給我的基礎訓練，包括他傳承給我的教義、洞見和方法，再加上這十多年來，我從生活的實際運用、培訓企業與各地實踐者過程中開發的心得。

如果我的生命將步入終點，而我只能與你分享一件事，本書內容會是我給你的最大獻禮。這些教義和方法改變人生的力量有多大，我再怎麼強調也不為過。不過，要收到成效，你必須懷有強烈的欲望，在生活中持之以恆地實踐這些教義與方法。

本書共分為四大部分，每部分皆由數個章節組成。

第一部探討為什麼你應該練成恆定力、過專注的生活。這點很關鍵，如果不明白恆定力以及過專注生活的目的，你就會缺乏動力讓書中教義和方法融為生活的一部分（本書將交替使用「恆定力」和「專注」這兩個同義詞）。在第二部中，我們要學習瞭解心智，這是我們所能擁有最重要的工具，心智創造了現實，卻也是唯一一個沒有使用手冊的工具。第三部，我們要分享如何專注以達到恆定力（同時培養意志力），這是成為自我心智總管不可或缺的兩項要素。第四部，將詳細說明要如何實際應用這些教義來克服日常生活的諸多挑戰，如恐懼、憂慮、焦慮和壓力，還要在日常工作、生活和競技比賽中改變你的生產力和表現。另外，我還要分享如何運用這些教義改善心理健康，幫助你活在當下，真正體驗生活。

本書的目的不是要提出一堆方法，壓得你喘不過氣。我堅信生活不需要太多方法，只要能滿足基本所需的那幾項就夠了。而我們必須對它們瞭如指掌，並持續在生活中應用。

本書裡，沒有取巧的捷徑，只有一條步驟明確、以目標為導向的路徑，引領你去過專注的生活。其目的不是為了鍛鍊心智本身，而是為了鍛鍊的成果。這正是我想利用我們內在的「恆定力」，打開無數可能性的原因。它帶給我一種連我自己都意想不到的生活，我將在書中與你分享「掌握恆定力的專注生活」的各種好處。

仔細詳讀這些教義，努力掌握，並在生活中持續實踐。唯有起而力行，甚至，唯有你真心渴望改變人生，這些教義才能充分發揮作用。如果你沒有改變人生的強烈欲望，本書內容對你而言將無足輕重。

如果你想對這些教義表達感謝之意，你能給我的最大回禮就是充分理解本書內容，成為覺知的主人。在你研讀本書的一路上，我希望你能秉持初心，以積極、熱情與開放的學習態度與不帶成見的心，完成這趟旅程。

第一部

活出喜悅的恆定力

第1章

專注的基礎

以恆定力為目標的生活

沒有什麼比知道你是誰，你走的是哪條路、你的最終目標為何更重要。

——古魯德瓦（Gurudeva）

在慕尼黑一個寒冷多風的冬夜，我與摯友莫里斯匆匆走向餐廳。儘管我很喜歡在這座巴伐利亞古城散步（這是我在德國最喜歡的地方），但我還是急於擺脫寒冷。不久我們抵達目的地——一家鋪著陳舊硬質木板的餐廳，古色古香的風格讓人倍感溫馨。我們走到角落的桌子，將大衣披在椅子上，點了酒，繼續方才在來時路上的談話。

我與莫里斯準備共度這個夜晚，他是與我相識多年的德國企業家。他喝了一口酒，把酒杯放回桌上時，他問我：「如果瞭解人生目標是重要關鍵，為何你老是提到心智與恆定力？何不一開始就教我們如何尋找人生目標？」

木椅咿呀作響，我把身體往前傾，回答他：「因為我們是藉由心智去發掘人生目標。為了做到這點，就要充分瞭解心智，再加上恆定力。唯有如此，我們才能在時間洪流中保持自我反省的狀態，從而擁有清楚、明確的人生目標。因此，雖然『尋求人生目標』似乎應該是我們的出發點，但實際上並非如此。」

我繼續說：「我詢問人們想要怎樣的生活時，儘管各不相同，多數人的回答是『想要過得快樂』。你經常聽到父母對孩子說『我們只希望你過得快樂』。然而，我們不該說要追求快樂，應該要說『追求能帶給我們快樂的生活方式』。例如我在最喜歡的德國城市與摯友對酌，我感到很快樂——快樂的關鍵是在這座城市與好友共享美酒。」

莫里斯笑著回道：「為此，我們應該乾杯！」

「乾杯！」我微笑著與他一塊碰碰酒杯。

室內很溫暖，但坐在窗邊的我依舊能感受到冷空氣拚命想從窗戶縫隙鑽進來。「這是一個環環相扣的過程，」我分享道，「充分瞭解心智的內部運作和擁有恆定力，是找到人生目標的基礎。目標決定了我們的優先事項，而優先事項會決定我們的生活方式，唯有過著根據目標所定義的生活，我們才能找到快樂。」

莫里斯回答：「經你這麼一說，我就能理解為何你要從瞭解心智和恆定力講起了。」

「專注於生活目標，就能活出有意義的人生。」

本書將帶你瞭解、運用心智，以及教你擁有恆定力所需的基礎教義與方法。明瞭心智與如何專注之後，你將展開尋找人生目標的過程，定義你的優先事項，並且專注其中，使生活有目標而喜悅。在後面的章節，我們更將學習如何利用這些所學活在當下，治癒困擾我們的憂慮、恐懼、焦慮、壓力等心理疾病。

我將逐步與你分享心智運作的過程，以便你學會掌控並引導它（包括恆定力）。我還會分享一系列簡單實用的方法，幫助你掌控心智，學會專注。你將學到如何在日常生活中輕鬆並持續使用這些方法，朝著既定目標邁進。不過，請不要以為讀完本書後，你就掌握了任何一項方法。但可以預期的是，你將能澈底瞭解這些方法，學會將它們應用到生活各方面的實用技巧。在未來的幾週、幾個月，如何堅持並應用這些方法，將決定你的實際受益。最後，如果能持續不懈地運用，你會發現自己的思維與習慣模式開始改變，生活也變得截然不同。

恆定力，人類最大的資產之一，是人類成功和努力的核心，因為這種專注可以幫助一個人開展人生目標。多數人都想體驗某種形式的幸福、滿足與啟發，或是找到其他提升自我的方法，卻不知從何做起，因為從沒有人教過他們，創造人生的關鍵就在於專注。也沒有人教過他們如何駕馭並引導自己的恆定力來顯化人生目標。

現在，我要你靜下心來自問：「我需要過『實踐恆定力』的專注生活嗎？」專注生活是一種選擇，我們可以選擇要不要這樣的生活。然而，恆定力將使你的生活出現改變，讓人生更加圓滿、豐富。

你之所以拿起本書閱讀是有原因的。我希望這是因為你內心有某個聲音，要你去練習恆定力，去過專注的生活，專注於追求人生的目標，以增進生活品質，並為人生帶來更多意義。

「專注生活」與「專注於目標的生活」，兩者有何區別？「專注生活」是指全心全意地投入每個人或每件事，從親身經歷中，創造出人生的真正價值，儘管未必有更宏大的人生目標。而「專注於目標的生活」指的是讓人生目標決定你的優先事項，進而決定你該關注的重點，讓生活出現明確的意向。根據你的人生目標，每天做出明智的選擇，例如花時間和誰在一起、把精力花在哪些事、聽什麼音樂、讀什麼書、看什麼節目、吃什麼食物等。你全心參與自己關注的人和事，而這些人和事都是你刻意選擇的。

本書的目的在於幫助你過專注的生活，甚至是專注於人生目標的生活，從中獲得無盡的好處。

取得生活的主導權

我們有權選擇要在生活中關注什麼，雖然並不容易，但是我們確實擁有選擇權。

在我仍是僧侶的那段時間，有幸認識一位來自模里西斯的朋友。他在寺院實習的幾個月中，總是笑容滿面。有一天，我問他：「為何你臉上總是帶著笑容？」

他看著我說：「我父親在我很小的時候就過世了，母親一個人撫養孩子們長大。儘管生活清苦，但母親每天早上叫醒我們後，會讓我們站成一排，開懷大笑五分鐘，以此展開一天的生活。」

這個故事對我影響深遠。這位女士失去丈夫，被迫養活孩子和自己，卻選擇以這樣的方式開啟一天。她選擇了孩子們的關注焦點，讓可塑性極強的潛意識留下深刻印象。她不知道自己這個舉動對孩子的影響，連帶影響了半個地球外、身在夏威夷的某個人，並在某天被寫進書中。

納爾遜．曼德拉（Nelson Mandela）在歷經二十七年的牢獄之災後獲釋，並推翻了南非的種族隔離制度，成為總統。這便是一個人選擇在獄中保持專注的絕佳例證。

這兩個例子說明了，**只要掌握自己的心智，有意識地選擇生活的關注焦點，就能帶來正面影響。**讓周遭環境決定我們的關注焦點，後果只會不堪設想。我們必須擁有主導權，瞭解自己希望專注在什麼地方。不過，我們也不能任由心智去主導，因為心智沒有能力區分何者有益、何者有害。

倘若心智知道什麼對我有利，一切再完美不過——每當我拿起一盤炸薯條想大吃時，心智就說：「吃三根薯條和一碗沙拉就好，比較健康。」但實際上，我的心智不會這麼說，反而是：「整盤薯條都吃光吧，再加點番茄醬更好吃。」最後：「再來些洋蔥圈好了。」

心智不會區分利弊，除非我們訓練它。只要你訓練心智去區分什麼能提升身體、心理、情緒、精神狀態，你就能在生活中做出更好的選擇。

過去的人們被灌輸吸菸有益健康的觀念，有人真的相信了，並告訴自己的心智，吸菸對身體好，最後卻吸菸過量致死。現在，心智知道吸菸對人體有害，它說：「你這個笨蛋！吸菸會害死你。別再吸了，否則會害死我們兩個。」但除非你給心智正確的訊息，不然它也沒有這能力引導你朝正確的方向前進。

話說回來，心智確實有某個部分知道什麼對你有利，這部分被稱為「超意識」（superconscious）。

心智的三個層次

為了更瞭解心智，我們可以將它想成一棟三層樓建築——最頂層是超意識，中間是潛意識，一樓則是本能意識。本書並不打算探討心智各個層次的差異，但我仍希望你能簡單瞭解，以便更清楚掌握書中觀點。

本能意識屬於心智的外在部分，面對我們周遭的世界，與五感相連，控制著我們的飢餓感、口渴等知覺，以及運動、生育、衝動等本能。

潛意識與智能心靈相關，掌控著理性和邏輯思維。你可以把潛意識當作「硬碟」，記錄著意識的一切經驗（無論你是否記得）。它還儲存印象和習慣模式，並控制著非自願的生理運作（呼吸、心跳、新陳代謝等）。

超意識，正如我的靈性導師所描述，它是「光之心靈，靈魂的全知智慧」。在其最深的層次，超意識可以被描述為一種精神意識或非二元意識，是創造力、直覺、深刻靈性體驗等的源泉。

把心智的三個層次看作一棟三層樓建築，可得出以下結論：透過本能意識，才能在潛意識中留下印象（先通過一樓，才能抵達二樓）；而來自超意識的直覺，則必須先通過潛意識，才能到達本能意識（從三樓往下到一樓），讓我們感知到它；倘若潛意識過於混亂，直覺就很難抵達至本能意識。

三種心智層次中，只有超意識知道什麼對你有利，畢竟它是靈魂的全知智慧。問題是大多數的人只靠本能意識和潛意識發揮作用，偶爾才會從超意識中，接收到直覺一閃而過的智慧。

潛意識基本上不知道事物的利弊，除非有你的訓練。而要訓練它，你必須先理解並掌握自己的心智，收集並消化正確的訊息，形成清楚的結論，再將這些結論以有組織的方式輸入潛意識，潛意識才能運用這些結論引導你。潛意識之所以能成為你的絕佳資產，原因就在此。能接收正確訊息並與超意識和諧運作的潛意識，能給予你深不可測的力量。

現今社會的大量資訊宛如海嘯，朝潛意識排山倒海而來，潛意識因而難以消化，連對簡單的問題也做不出結論，讓我們感到混亂、焦慮、壓力等。當我們接收訊息的速度，比餓鬼狼吞虎嚥的速度還快，就無法好好消化，形成清楚的結論。這種行為削弱了潛意識的能力，使得越來越多人無法做出決定，甚至不知道自己的人生想要什麼。

一天之中，你的覺知會在某種心智狀態下運作（這部分我們將在第三章詳談）。你對生活經歷所產生的行為和反應，都取決於你的覺知處於哪種心智狀態。因此，你要主導覺知朝哪裡前進。

主導生活，意味著你不該把生活的決定權交給周遭環境，或「宇宙」！對於那些把「宇宙將指引我」掛嘴邊的人，我向你保證，木星、冥王星、天王星都無法替你解決生活中的難題。你的心智是個工具，而你擁有著主導權。**瞭解心智的運作方式，加上恆定力，才能創造你想要的生活**。

越早領悟這些教義，就越能及早在生活中應用並從中獲益。哪怕你的來日不多，你仍可運用這些教義來度過餘生中最美好的時光。這是你送給自己最棒的禮物，也是你可以送給他人的大禮。當你自我提升，成為更好的你時，也將提升每個與你接觸的人。

記得加入寺院後的某天，我因為好幾個月沒跟家人聯絡而情緒低落，我很想念他們。傳統上，受戒的印度僧侶不能與過往熟稔的人有任何接觸……所以，我前往上師的辦公室打算找他訴苦。

我對他說：「上師，我很沮喪，我想念家人親友。有時我甚至認為自己待在寺院修行很自私，因為我沒有真正幫到他們。」

一如既往，他全神貫注地傾聽，然後做了件有趣的事——他從面紙盒抽出一張面紙，攤平在桌上說：「你在中間這個位置，你的父母和兄弟們各占據面紙一角。」

然後，他用手指捏住面紙的中央位置往上提，並說道：「你在這中間，你提升自己時，也提升了他人。」他繼續把捏住面紙的手舉高，整張面紙離開桌面（四個角也隨之提高）。

他接著說：「你的能量與人生中的其他人相連。你提升自己，便是在提升他們。所以，把時間花在精進自我，並不是自私的行為。」

這對我而言是個簡單又深刻的體悟，在我內心留下了難以磨滅的印象。**當我成為更好的自己，不僅會影響自己的人生，也會影響周圍的人。**

既然擁有人生，就要成為人生的主人，盡力活得精彩豐富。本書所提的概念與方法，正是你學習主導人生的基礎教義。

生命的至高力量：欲望

少了永不熄滅的欲望，什麼都實現不了。

二十世紀成功學大師拿破崙．希爾（Napoleon Hill）在《思考致富》（*Think and Grow Rich*）一書中說：「在對嶄新美好事物的需求背後，必須具備一項特徵，那就是**明確目標**，知道自己想要什麼，以及對於擁有目標的**強烈欲望**。」

也就是說，你必須知道自己想要什麼，並且渴望擁有它。如果你很清楚自己想要專注的生活，接下來的問題便是你有多渴望？多數人的渴望都不夠強烈，所以才無法過上專注的生活。這點可用來說明所有我們追求的事物。

萊特兄弟渴望飛翔、愛迪生渴望點亮黑夜、希拉里和諾蓋渴望登上聖母峰、羅莎・帕克斯渴望爭取平權、甘地渴望以非暴力的方式實現獨立……這類歷史偉人的名單可以列出一長串。他們都知道引導欲望的力量來實現目標。這股永不熄滅的欲望帶來的力量，可以消除反對聲浪，克服任何障礙，掃除一切批評與疑慮，是成功背後的至高力量。

我第一次見到上師時年約九歲，第二次是在二十一歲，當時我對他說的第一件事，就是我渴望實現的人生目標：**了悟真我**。語畢，我立刻詢問他是否願意訓練我，幫助我實現此一目標。

他看著我的眼睛問：「你願意為此付出什麼？」

我帶著多年來堅定不移的信念，毫不猶豫地回答：「我願為此獻出我的生命。」

聽到這番話，他的臉上沒有露出絲毫懷疑，我也不在意他對我這番話有何看法，因為我的欲望以及我付出的意願，才是最重要的。我決心實現目標，為此需要一位能指引我且經驗豐富的導師；他明確知道實現這個目標的道路，也有權決定要不要收我為學生。

接下來幾年，他不斷考驗我的願望和信念，給我一次又一次的挑戰，而我仍堅決加入他的僧侶團，全心接受訓練，並追求我的目標。三年後，為了追求自我了悟，我離開家人與我所認識的塵世——我要在上師的寺院過印度教修道士的生活。

這意味著我將不再與家人、親友、從前認識的人往來。音樂、表演、美物、酒精、衣著和喜好……這些生活將不再屬於我，對我都不再重要。我的人生目標蓋過了其他欲望，現在我只想將其他欲望導引至了悟真我上。在我所信奉的印度教哲學中，獲得至高的精神成就。

一切取決於你有多渴望實現目標。你願意為它付出多少、願意放棄什麼，都取決於你渴望的程度。

坦白說，犧牲一切生活來追求人生唯一目標，並不代表我不曾對自己選擇的人生道路有過懷疑，我也不想去塑造一個超級英雄或是對人生苦痛一概免疫的僧侶形象。我們總是習慣將自己尊敬的人想像成救世主般的完人，但我向你保證，我只是個徹頭徹尾的凡人，我也會崩潰、落淚、失敗、跌跤、絕望、困惑、自我質疑等。不過，我從未放棄我的人生目標，這個欲望始終定義著我的人生方向與專注目標。

任何對你說他從未想過放棄的人，都是在畫空中樓閣。

斯巴達障礙跑競賽是一項旨在測試參賽者毅力和體能的軍事障礙賽。創始人喬・德・塞納（Joe De Sena）曾與我有一面之緣，我問他是否想過放棄任何一場長距離耐力賽。話才剛出口，他立刻回答：「無時無刻。每一場競賽我都想過要放棄。」那一刻我不禁莞爾，他的回答真夠坦白。

我可以向你保證，描繪一種毫不動搖的完人生活，並不會激發你的希望。將邁向成功的過程說得不帶一絲痛苦，只會給人錯誤的印象，反而使人覺得難以企及，灰心絕望。

多數人喜歡關注榮耀的頂峰，然而這卻是登頂者花費無數時間，從又深又陡的峽谷裂縫努力向上攀爬的結果。本書從一個懵懂無知的孩子，成長為終其一生專注於一個目標的故事談起，分享這個凡人在旅程中學到的一切。書中沒有可以在水上行走或是分隔紅海的奇蹟，只有對專注生活永不熄滅的欲望；在在這趟定義明確的旅程裡，逆境永遠多過順境。

要滿足欲望，你必須忘卻一切不必要的事物。正是這種孤注一擲的信念，最終才能消除懷疑的火焰，展開實現欲望的道路。

你必須渴望著目標，全心全意相信你能夠且終將實現它。這份渴望必須伴隨著堅定的耐心，明白要實現目標，有時得花上數十年。

這裡再次引用希爾的話：「不論對錯，信念加上強烈的欲望，能實現任何事。而這些特質人人都有。」

凡事都需要一個好理由

多年來，許多人向我表示想要過專注生活，但大多數最終都沒能辦到。之所以沒能成功，是因為他們的欲望不夠強烈。他們與我分享欲望時，或許是當時正經歷人生中的挑戰，促使他們尋求另一種生活。然而，當痛苦消除，想要改變生活的欲望便隨之消退，他們又退回到原來的生活。

除了缺乏欲望，我經常思索還有什麼原因讓人們追求成功的信念慘遭失敗。一直到在韓國首爾的某個寒冷秋夜，我才頓悟一般人在追求成功路上欠缺的關鍵。二〇一七年十月，我受邀在第十八屆世界知識論壇上演說。為期三天的活動，聚集了數千名與會者，演講者陣容更是令人印象深刻，包括多位前總理和國家元首、諾貝爾獎得主與跨國企業執行長。

某天晚上，我受邀與七、八十位政要共進私人晚餐。聚會在一個傳統韓屋舉行，弧形瓦屋頂搭建在厚木椽上。站在這個簡樸、優雅的韓屋庭院裡，我感覺像是來到十八世紀的韓國。我正與其中幾人談話時，一位紳士走到我的面前問道：「您好，請問貴姓？您的講題是什麼？」我簡單說明講題，而他自我介紹是前白宮幕僚長。談話中，他指出人們之所以無法成功傳遞訊息，主要原因是「**缺乏一個好理由**」。

我請他詳述原因，他指出當天早些時候，聯合國前祕書長潘基文關於全球環境議題的演說，如果能提出一個更好的理由，將更有說服力。他接著說明：「舉例來說，我們要如何向一個住在賓州、身兼兩份工作、生活重心全在照顧三個孩子、成天就是擔心入不敷出的單親媽媽，說明環境問題很重要？你得找出一個有力的理由去說服人們買單，給他們一個願景。你提得出有力的理由說服這位單親媽媽，她才會願意為環境盡一份力量。前提是，你必須**給出一個好理由。**」

「缺乏一個好理由」這句話，對我來說宛如一記當頭棒喝。我周遊世界教導人們如何養成恆定力，但是與前白宮幕僚長的一席談話，我才意識到自己並未對「為何需要恆定力」提出一個有力的理由。我也意識到大多數人可能從來沒有捫心自問「為什麼要需要專注的生活」。

換句話說，他們說服不了自己為何要這樣做，因為缺乏這個關鍵，所以他們無法持續追求這個目標。

除非我們能自己證明自己為什麼需要專注的生活，不然不會想去執行。同樣地，教導他人養成恆定力時，我們也必須告訴他們理由。歷經首爾這場談話，每回談到專注、談到恆定力，我就會說出理由，這對聽眾有立竿見影的影響。

因此，在你學習恆定力並受到啟發，想分享給孩子、朋友、家人、員工、同事，要他們也一起做時，請確保自己「給出一個好理由」。別只要求孩子專注，因為那只是說教，卻沒有說明原因。你要提出一個好理由，否則他們不會有動力嘗試，你必須說服他們認同恆定力、學習專注這件事很重要。

下一章我們將深入挖掘，說明專注生活的好理由。你能為自己為何需要專注生活找到好理由，才能讓本書教給你的教義和方法成為生活的一部分，這點十分關鍵。我們還要探討對於支持專注生活來說非常重要的幾種態度。

第2章

為成功設立目標

恆定力養成①幸福

你知道自己需要學成恆定力、過專注生活的理由嗎？我給了自己一個好理由。過去四十年來，我努力追求這樣的生活。過程中，**我意識到要學成恆定力、過專注生活有三個驅動力：幸福、自我實現、死亡**。先來看**第一個驅動力：幸福，生活本該過得喜悅**。

上師曾說：「生活本該過得喜悅。」聽到這句話時，我對自己說：「是啊，生活為何不該過得喜悅？」從小我就對靈修生活十分傾心，更常聽人說靈修生活是一種苦行，得嚴守道德規範和戒律等，很少聽到人以快樂和幸福來形容這種生活。上師是第一個向我指出靈修生活可以也應該充滿喜悅的人。說真的，有多少人願意過悲慘的生活？許多人活在自己創造的悲慘世界中，但我認為如果知道自己可以選擇，也知道如何做選擇，任誰都想過幸福的生活。

倘若人們明確知道自己的人生目標以及隨之產生的優先事項，那專注於這些優先事項自然會帶來喜悅。

上師臨終前對身邊的僧侶說：「多美好的人生，我絕不會拿這世上的任何東西來交換。」從一個垂死之人口中聽到這番話，是多麼深刻的體悟；要有多驚人的天賦，才能在臨終前回顧一生時，說出不枉此生有多美好？

有多少人能真正地不枉此生？多數人都辦不到，因為他們不清楚自己的人生目標，因此也不清楚自己的優先事項，不知道該把心力放在誰和哪些事情上。喜悅和幸福的泉源之一，就是恆定力，全心全意專注在對你來說真正重要的人和事上，包括你深思後選擇去過的生活。當你專注於不重要的人和事時，產生的結果永遠不會相同，你也無法體會專注於重要的人和事時所帶來的幸福喜悅。

如果清楚知道自己想專注的事、想和誰共度時光，你就能擁有豐富圓滿的人生，因為這些經歷的附屬品就是幸福。而幸福，有誰不想要？

人生最大的幸福，莫過於知道該把心力放在哪些人和事上，因此也會知道不該專注於其他人和事。

當你與所愛的人共度時光，在一起時可以專注在他們身上，幸福感便油然而生。也就是說，當你花時間去做你喜愛的事，並專心一志地進行，就會感到幸福，這種幸福感來自根據目標和優先事項所建構的生活。然而，生活不可能永遠充滿幸福，總會有得勉強自己去做的事。不要緊，這就是現實，我們仍可以努力去建構一個整體來說能帶來幸福的生活。

如何能從做令你快樂的事情中獲得最大的幸福？答案是全心投入你專注的人或事，讓自己充分體驗它們。但要如何全心投入其中？答案是「恆定力」。很多人說要活在當下，但幾乎沒有人教你怎麼做。上師教我認識覺知與心智，以及如何對投入的人和事保持覺知後，我才學會如何真正活在當下。而完全投入自身的經歷時，我意識到自己的最大收穫就是感受到幸福。

我喜歡感受到幸福，而且我知道自己越專注，就越能充分投入在我人生的所有體驗，從中獲得的最大好處便是感受到幸福。要過高度專注的生活，幸福喜悅是個巨大的驅動力。

恆定力養成②自我實現

擁有了人生的目標和夢想，如何實現永遠是個挑戰。將願景化為現實牽涉到許多因素，我們必須掌握其中的基本要素，恆定力便是其中之一。

專注生活的**第二個驅動力：自我實現，藉由恆定力實現你想要的生活。**出於這個原因，學習專注絕對是值得努力的目標。

生活是你投入能量到某處的顯化。——丹達帕尼（Dandapani）

我們不妨將右方文中的「能量」理解成水。如果你為花圃澆水，它會長出雜草還是花朵？答案是兩者皆會，因為水沒有能力分辨雜草與花朵，水澆到什麼，那個植物就會生長。

能量也是如此運作：把能量投入到哪裡，那裡就會開始茁壯。投入到正面的事情上，它就會變得更正面；投入到負面的事情上，它就會變得更負面。能量無法區分什麼是正面、什麼是負面。無論我把能量投入哪裡，那個地方就會開始生長，並顯化在生活中。我要讓人或事在自己的生活中顯化，就要投入能量。

此時此刻的你，是你的能量投入某處的總和，你的身體、心智和情緒組成等等是你的本能意識和潛意識投入能量造成的結果。如果我選擇良好的飲食及運動習慣，表示我投入能量來促進自己的身體健康；如果我只讓潛意識肯定正面的想法，過濾掉負面情緒並冥想，便是投入能量來促進自己的心理健康。

多數人從未意識到自己每天把能量投至哪裡，主要是因為他們的人生目標不夠清晰，無法認清人生中的優先事項，導致他們缺乏恆定力，不曉得該將能量引導到何處。因此，他們的欲望難以在生活中實現。但是，只要釐清人生目標和優先事項，恆定力便成為我們應該學習的關鍵技能。

在稍後對心智和覺知的探討中，你將學到專注於覺知的去向、能量的流向，會決定你想在生活中實現什麼，這是學習恆定力的另一個重要原因。

恆定力養成③死亡

沒有什麼比死亡更能驅動我們去過學成恆定力、專注的生活。人難免一死，這是不爭的事實。

大多數人不願談論死亡。它令人不安，有些人因此恐懼，甚至激起強烈的情緒反應。人類在地球上演化了很長一段時間，雖然人生經歷各不相同，但生死是每個人的共同經歷。多數人對前者沒有記憶，對後者則感到畏懼。

決定下筆撰寫本書時，我告訴自己要本著無私的精神寫下每字每句。我誓言要每天捫心自問，寫出來的內容是否能嘉惠讀者。我也承諾自己，要傾囊相授我認為重要的事，即使內容可能令讀者不自在。但只要是為讀者著想，我知道自己能對他們產生莫大的影響。

我想引用達賴喇嘛說過的一句話來概括本節重點：**「瞭解死亡，不是為了恐懼，而是為了更加珍惜這彌足珍貴的一生。」**勇敢直視人總有一天終將死亡的事實，我們才會意識到生命的可貴。因此不需要畏懼死亡，應把死亡視為存在於世間再自然不過的一件事。

我們都曾直接或間接體驗過所愛之人的死亡。我絕對瞭解那種失去所愛令人痛徹心扉的感覺。失去上師，我的人生也不一樣了。多數人不喜歡談論死亡，是因為會喚起悲傷、失落、恐懼等情緒。但也就是因為不敢去說、不敢去想，於是人們無法對死亡有通盤的瞭解。大多數人的成長過程中，不論是在學校或是家中，都沒有人教他們認識死亡。父母大多覺得自己對這個話題不夠瞭解，所以不敢和子女深談，擔心會嚇著孩子。

人們對死亡的理解往往來自從小接觸的宗教，而每種宗教對死亡的看法各異。但沒有人確切知道死亡是怎麼一回事。畢竟沒有人死後去過天堂，拍了一張自拍照後貼到IG，下了個標題「我上了天堂！」後面還加上「#天堂門」的主題標籤。我們都擁有也堅信自己的信仰，卻沒有人明白死亡究竟是怎麼回事；即使你有過瀕死經驗，也很難向他人證明確有其事。

上師離世對我的人生來說是個沉痛的打擊，也讓我清楚體悟到所愛之人終究會死。正如上師常說的：「一旦你體悟了某件事，就不可能再忽略它。」理智上知道某件事，與真正地體悟某件事截然不同。

《牛津詞典》對「體悟」一詞的解釋是：「清楚意感受到某件事已成定局。」我們可能經歷過某件事，卻不見得有所體悟。舉例來說，父親過世對茱麗造成打擊，數個月，甚至多年後她仍思念父親。茱麗的確在情感上深陷傷慟，但這並不表示她對「生命有限」這件事有所體悟。她仍過著正常生活，背負著悲傷，父親的去世並未改變她的生活。因此，我們可以得出這樣的結論：她在理智上理解人都會死，但並未體悟到死亡的現實。

體悟會造成觀點的完全改變，進而永久改變我們的行為與對人生經歷的反應。

從一個人經歷某事後的行為，可以判斷那件事對他的影響。有些人的生活不會因此改變；有些人的生活只會有暫時的改變，隨著時間痛苦減輕後，生活便會恢復原貌；但對少數人來說，生活將從此變得不一樣，因為這段經歷反而會令他們有所體悟。

上師離世使我深深體悟到所愛之人終會死亡，我們也會死，在這地球上的時間是有限的。但許多人常說「人生苦短」，我卻不這麼認為。

人生苦短嗎？並不是！

站在買拿鐵的排隊人群中，等待前面的人翻找零錢時，可能會感覺時間很漫長；聽見機長廣播，飛機將在停機坪上多停留三十分鐘，往往會令乘客爆出一陣哀號；尚在蹣跚學步的孩子，在橫跨大西洋的飛機上哭鬧不休，會讓你對永恆產生深切的體悟；路上塞車的三個鐘頭，感覺起來彷彿天長地久。照此邏輯，一年豈不是很長的一段時間？「人生苦短」這句話絕非事實，請別再將這句話掛在嘴邊。

人生並不短暫，人生其實是很長的一段時間，只是生命有限。因此，「人生苦短」這句話，應該換成「生命有限」。生命其實有一個清晰而明確的終點，只是我們不知道終點何時到來。

許多人過日子的方式，像是渾然不覺生命會走到盡頭，還有許多人認為所愛的人會永遠活著。坦白說，人們只是不願去想，他們與所愛之人皆終將一死這個事實。

多數父母不會看著五歲的女兒，心裡想著這孩子終有一天會死去。一般來說，他們會想像孩子的美好未來，長大成人、上大學、找到好工作、結婚生子、年華老去、兒孫滿堂，多年以後才離開人世（儘管最後這部分可能不在願景中）。可惜往往事與願違，因為死亡不分年紀。嬰幼兒早夭的事時有耳聞，更不用說青少年、青壯年、中年人、老年人……每個人終會面臨這一天到來。

死亡促使我們把「瞭解人生目標」放在首要位置。學習恆定力，是為了找到人生的目標。這個目標將定義你這一生的優先事項，引導你專注在應該專注的事情上，使得生活充實且圓滿。然而，許多人並未充分活過，就離開了人世。

十九世紀的美國廢奴主義者兼作家，哈麗葉．比徹．斯托（Harriet Beecher Stowe）曾生動描述過這種人生遺憾：「在墳前落下的悔恨之淚，不是因為有話未說出口，而還有遺願尚未完成。」

死亡，決定人生優先事項

由於我們根本不瞭解死亡，加上這並不是個令人愉快的話題，所以一般人都盡可能迴避這個話題，把它從腦海抹除，讓我們誤以為自己可以活得長長久久，生命不會走到盡頭。

當我們從未想過生命會有結束的一天，並千方百計地迴避死亡這個話題，自然就會把最重要的人或事置於後面，把不重要的人或事排到前面。於是，注意力都放在那些不重要的事情上。之所以能這麼做，是因為我們愛的人也愛我們的人，對我們擁有較大的容忍度。在關係出現裂縫之前，我們習慣將這樣的愛推到極限。

舉例來說，某人可能連續幾週加班晚歸，錯過與家人共進晚餐的時光，但這類事通常要長期地反覆出現，配偶最後才會受不了，選擇離開。有的父母即使體罰孩子，過了一個星期，孩子仍會對他們說：「我愛你，爸爸！」因為親人對你的忍耐度較高，所以你把心力放在他們身上的驅動力就不夠強，你知道他們會容忍你的忽視，反正他們會一直待在身邊，何必急著在這時候關心？可以晚一點再去關心他們，等工作安定下來，等有了更多時間、等看完這場足球賽……

相比之下，客戶或是同事，以及那些實際上與你並不親近的人，他們的容忍度就小很多，譬如若你沒能及時回電話，客戶或許就會找其他人承接案子，拒絕太多次陪老闆去應酬，可能就會影響你升遷等。如果你不顧慮他們的需要，他們很快就會從你的生活中消失，因此，他們反而會占據你生活中的優先位置。

當你不曾正視過死亡、生命有限、人都會死這樣的事實，你便無法瞭解什麼事在你心中最重要。

一旦意識到生命有限，你的優先事項就會重新排序。我常在自己主持的工作坊中提出一個假設情況：「如果有人走進這房間，說這裡的每個人只剩下三個鐘頭可活，你們之中有誰願意留下來繼續聽我講課？」很可惜，從來沒有人回答：「我願意」，我得到的答案都是：「我要馬上離開，回家看望妻小。」

我接著問：「如果你只剩下三個鐘頭可活，而你最喜歡的店家正在年度大促銷，你是否會在返家途中順道去採買？」得到的答案是「不會」。我繼續問：「如果你怨恨的某人在這時候打電話給你，你會接起電話嗎？」答案還是「不會」。我再問：「你是否會去咖啡店花二十分鐘排隊，點生命中的最後一杯拿鐵？」答案依舊是「不會」。

當你縮短生命的時程，你的焦點將變得清晰。

多數人不曾花時間去思考，如果生命只剩下三個鐘頭要怎麼辦。當你縮短生命的時程，思緒就會變清晰，你知道生命中什麼才最重要，何者應優先去關心，我們會立刻知道自己想把心思放在什麼人和事上。

當我詢問學員：「如果你還有五十年可活，有誰會離開這個工作坊？」沒有人舉手。我繼續問道：「如果你剩二十年可活，有誰會離開這個工作坊？」有幾個人舉起了手。我把時間縮得更短，繼續往下問：「如果你只剩五年可活，有誰會離開這個工作坊？」舉手的人變多了。最後我問：「如果生命只剩下三個鐘頭呢？」在場所有人都舉起了手。

縮短生命時程能讓你快速找出最重要的人和事，優先事項也變得顯而易見。就像必須擠柳橙才能得到柳橙汁，死亡驅動我們找到人生中的優先事項，而優先事項驅動著你的恆定力。

一旦意識到生命有限，體悟出生命中最重要的人和事，你就能準確知道應該把注意力放在哪裡。這種認知會改變你的觀點，促使你專注於優先事項，從而創造一個快樂充實的生活。死亡讓人生目標變得清晰，最終驅使你去過專注的生活。死亡，使一切一目了然。你的覺知及能量將以一種前所未有的強度被引導出來。生命沒有一刻浪費，活得圓滿且充實。

曾有人問我，「丹達帕尼，你很常想到『死亡』這件事嗎？」我回答：「老實說，我沒有太常想到死亡，但我每天都會想到自己在地球上的時間有限。正因為有限，我提醒自己要培養恆定力，專注於生活中的優先事項。」

人生精彩與否？由你決定

死亡也促使你思考想過怎樣的生活。在生命的最後時光，你會如何回顧一生，又會如何描述這你的人生？我們總是在意他人的看法，但別人怎麼想真的不重要，有人讚揚，就有人批評，真正重要的，是你對自己人生的看法。

回首過往，你能否說自己的一生很精彩，或是成果豐碩、充實完滿？我想要人生過得精彩，但這個精彩不是他人眼中的精彩，而是對自己而言的精彩。**精彩人生是我最珍貴的禮物，而「人生只有一次」是驅動它的力量。**

無論你信奉何種哲學、宗教或信仰，都必須意識到人生只有一次。我相信輪迴轉世，即便如此，我知道身為丹達帕尼的我只能活一次，而我希望這一生活得精彩。生命有限是我培養恆定力，過專注生活的最大動力，我的上師常說：「生活本該過得喜悅。」你的人生只有一次，請讓它過得精彩。這樣在你臨終回顧一生時，就可以對自己說：「我的人生真精彩！」

實踐成功的兩個法則

我在本書分享的方法都具有改變生活的驚人力量。它們歷久彌新，受到包括上師在內的印度教僧侶傳承了千年。如果應用得當，便能有效改變生活。然而，這一切都取決於你，以及你是否選擇在生活中持續不斷地應用它們。想要從這些方法中獲益，就必須去實踐。我保證，你越在生活中應用，體驗到的變化就越大。這些方法不會讓你失望，但是請記得，要持續不懈，才不會辜負自己的努力。

上師告訴我，這些方法還能做為賞心悅目的牆上裝飾，既好看又能開啟話題，對能言善道的人來說尤其如此。你可以在晚餐時與朋友談論，顯示你如何睿智博學。你可以分享自己的所讀所聞，甚至引經據典，讓人留下深刻印象。這世上有許多人喜歡收集工具，他們一本又一本地閱讀自助工具書，以為自己獲得的知識越豐富，成長和進步就越大，他們因此漸漸成為一座自助工具書庫。

但是，除非你持之以恆地學以致用，否則收集再多的工具也沒用，我分享的方法也是如此。說白了，除非你按指示持續應用它們，否則本書的所有方法都對你沒用。

法則①正確練習並且持續不懈

正如前文分享的，理性無法辨別何者對你有利、何者有弊，除非你賦予它這樣的能力。這點同樣適用於日常生活的一切。

很多人的做法或習慣導致了負面結果，但他們卻渾然不覺，直到被人提醒或自我反省才會發現。在那之前，心智已不自覺地養成這些惡習（如果心智知道這些事不好，自然不會這麼做）。全知的超意識知道利弊何在，但除非你能夠進入超意識，否則無法從它的智慧中受益。

如果習慣做出不利於成長的負面行為，久而久之，就會成為這方面的好手。反之，如果習慣做出有利成長的正面行為，你就會是擅長這方面的行家。

本節說的「實踐法則」是指，**不論是負面還是正面行為，只要你實踐，就會成為個中高手**。

我曾受邀參加紐約市的一個私人晚宴，席間有不少知名人士。晚宴後，一位與會者走來對我寒暄：「你好，我是……」

我回應：「我是丹達帕尼。」

他立刻回答：「噢，我恐怕不會記得你的名字，我向來不擅長記人名。」

我心想：「我相信你不會記得，因為你一定經常這樣對自己說。」如果你經常告訴自己你不擅長記憶人名，事情就真的會應驗。我們實際做了什麼，就會成為那方面的能手，不論這事是好是壞。

說到實踐，有兩件事缺一不可：**正確練習**、**持續不懈**。越常練習，就越能掌握訣竅。如果練習的是負面技能，最後擅長的就是負面技能。上師曾跟我分享一個故事，說明練習正確技能的重要性——他在青少年時期曾是舊金山芭蕾舞團的首席舞者，他說當時舞團禁止他獨自習舞，以免他發展出非正規芭蕾舞該有的舞蹈動作。

一旦學會正確地練習某件事，持續不懈便成為後續的關鍵。如果我只是想學會彈鋼琴，那每週一兩次，花幾分鐘練習彈一首歌就夠了。但如果我想成為世界頂尖的鋼琴家，便必須每天練習五到八個鐘頭，月復一月。半年後，我的鋼琴彈奏技巧肯定會突飛猛進；一年後，成為個中好手；再過兩、三年，就能成為優秀的鋼琴家。**以正確的方式持續練習，將幫助我得到想要的結果**。

本書分享的方法也是如此——正確練習和持續不懈同樣重要。有位學員曾告訴我，我教的方法對他來說效果不彰。我詢問他是否有持續不斷地練習，他回答有。我再問他：「你是否有正確並持續練習這個方法的三個部分？」

他回答：「沒有，我只練習其中一個部分。」

烤蛋糕卻不用該用的材料，當然無法成功烤出好吃的成品。跟從所學是這裡的關鍵，如果有人教過你使用工具的方法，你卻沒有嚴格遵守，你怎能期待獲得想要的結果？當你的外在生活並沒有遵循所學，就別指望內在能產生改變。

在寺院時，我有段時間也面臨內在挑戰而飽受折磨。由於實在太難受了，我便去尋求上師的協助，坦誠內心的糾結。他總是耐心且同理地聽完所有問題，在我卸下內心重擔後，他經常問道：「你是否應用了我教給你的所有方法？」我的回答往往是「沒有」，之後，我便起身離開。這有什麼好說的？他開出了治病良方及服藥方法，我卻沒有遵照醫囑。球已經在我的球場上，剩下的責任就在我自己身上。如果拒絕承擔責任，那就必須承受後果，即使是痛苦的後果。

在生活中持續不懈地應用，將使你更善於使用這些方法，你練習什麼，就會成為那方面的高手。反之，如果你不懂如何使用這些方法，就無法從持續的練習中獲得好處。

人們在學習新工具、新技巧時總是會興奮萬分，一旦興奮感消退，他們便發現，比起持續不斷地應用原本的工具，尋找下一個工具似乎容易許多。人類社會總是傾向接受新事物，最新型的 iPhone、8K 畫質的液晶電視、最新的時尚潮流、新型車款等。每個人都喜歡新奇的事物，但只要熱度消退，就會馬上轉向下一樣新品。

為了善加運用本書的方法，或在任何你試圖學習、改變的事情上取得成績，請拿出學習藝術的態度，例如彈鋼琴，期望自己在幾週或幾個月內就學好，那是天方夜譚。**恆定力也是一門藝術，你必須先深刻瞭解心智，然後學習、練習恆定。就與任何藝術形式一樣，學習是第一步，練習是第二步。**

不要期望讀完本書就能掌握所有概念，這整段過程需要時間，你可能要重複詳各個章節和概念。請將此視為你的畢生課業，帶著溫柔和耐心，看著自己改變和成長。如果在生活中持續不斷應用這些方法，你會發現在接下來的幾週或幾個月內，變化開始發生。正如上師總是慈愛地提醒我：「回報將遠大於付出的努力。」

你永遠不會後悔為了成長而挑戰自我，投入時間是值得的。這項課業是一份最佳獻禮，讓你送給更好、更專注、更接近自我實現的自己。

Netflix製作的電視劇《馬可．波羅》（Marco Polo）裡，有個盲僧角色「百眼」詢問馬可．波羅，他返回西方後，該如何向眾人解釋「功夫」這個怪字眼。百眼接著自己答道：「功夫意指透過苦練獲得絕技。偉大的詩人有他的功夫、畫家也可說擁有一門功夫、就連廚子、清道夫或能幹的侍從，都稱得上深諳一門功夫：**練習**、**準備**、**無止境的重複**。直到你的內在感到疲憊，骨頭痠疼、汗水流盡、連呼吸都有困難，這便是獲得功夫的唯一途徑。」

這聽起來確實很像好萊塢才想得出來的台詞。然而，這一切都是要說明，恆定力是一項技能。只要願意投入時間準備、努力練習、不斷重複，就能達到專注，獲得恆定力。而你將在本書中學到如何練習把恆定力帶進繪畫、烹飪，甚至到掃台階等生活中的日常小事。

很多人無法做到不斷地重複練習，所以問我：「下一步要怎麼辦？」其實，直到今天，我還在練習上師近三十年前傳授給我的訓練。

你不需要學習很多方法，只要幾個基本就夠了。要專精而深入，而非淺薄而寬泛。體驗越多，它就會向你揭露越多。別問「下一步要怎麼辦」，而是專注於掌握你所擁有的方法。

本書是寫給想運用恆定力過出人生意義的人。

法則②重複重複再重複

我的上師深信人們要透過重複來學習，他在寺裡就是這麼教我的。**重複**也是我在本書中使用最多的技巧，你可以見到我不厭其煩地在各節重複許多概念。這是將指令輸入潛意識的有效方式，可以幫助你在學習時牢牢記下各種概念，一直以來，上師都是這樣訓練我。另外，讓我分享一個小故事。

在寺院裡的某一天，我正準備從辦公室走向食堂時，上師走過來，跟我說了一件事，之後便轉身離開。我心想：「昨天、前天，還有上個禮拜，他不都說了同一件事嗎？難道他忘記自己說過了？」

當時的我才出家不久，對此困惑不已，所以去向另一位高僧求教。我問：「上師該不會是年紀大了，所以不記得自己說過同一件事？」那位高僧笑著回答：「你跟我都知道不是這樣的，你也知道他的記憶力有多驚人。他之所以一遍又一遍地重複，是因為他知道要讓潛意識留下印象得花費多少時間。透過不斷重複，他想在你的潛意識烙下深刻的印記。」

因此，我也將對你採取同樣的方法，讓基本概念（瞭解心智和學習恆定力）在你的潛意識留下深刻印象。當你聽到我在重複某些論點時，千萬別想著「我已經知道了」！一旦你心裡這麼想，就表示你還沒抓到真正的要領。上師對我重複的次數越多，我學到的越多。他會頻頻重複，是因為我還沒有充分掌握到概念。每重複一次，我就會更專心地傾聽，讓這個概念深入本能意識中，讓他話中更深刻的洞見顯露出來。即使今日我已研究了他的教義數十載，我仍無法對自己說：「我完全懂了。」因為每一次我聽到重複的訊息時，都會得到另一層洞見。

請保持開放和好奇的心態閱讀本書，深入思考基本概念，你對它們的理解將會隨著時間而加深，以正確的態度閱讀本書，你就會看到它們實際上有多深奧。當你不斷重複聽到這些概念，你將體驗到、學習到以前可能錯過或尚未完全理解的部分。它們乍看之下簡單，但就像任何一個深刻的真理，你可能要數年才能完全理解，最終獲得體驗與實現。你越去使用並思考這些概念，就越能瞭解它們，並從中受惠。

找到意圖，然後順從

本節重點是，我們要先建立一些方針和界限，以避免失敗，確保成功。在閱讀本書的其餘部分之前，我要你先自問：「我為什麼要買這本書？」簡明扼要地寫下答案，但是要清楚。當你明確知道購買本書的動機，這個答案將成為你閱讀本書的目的，決定你會得到什麼收穫，也會是你從中受惠的唯一驅動力。曾有幾本書改變了我的人生，但我仍不斷地重複閱讀，用螢光筆標記，在書頁折角。它們已成為指引我的燈塔，因為我清楚知道自己想從中得到什麼。

我很早就學會在生活中辨別出那些為了追求自我目標、做出巨大犧牲的人。當我有幸遇到他們，我會向他們學習，將其視為一項重要的個人責任。因為恆定力帶來謙遜和全神貫注，我在與這些人交談時，他們能感受到我對學習的誠意和謙卑、我的完整存在及全部注意力。他們帶來的影響，改變了我的一生。由於我準備充分、意圖明確，因此交流時我能將他們的覺知引導到靈感源源不絕的心智領域，並因此成為過程中真正有福的受惠者。

如果你覺得可以在閱讀本書的同時做點其他事，或是隨手翻閱就能有所啟發……請注意，事情沒有這麼簡單。我希望你用心聆聽，放棄一心多用的念頭。坐下來，給我你所有的注意力；我全心投入這場旅程，希望你也是如此。當我們在旅途中相遇，轉變就會發生，但我需要你在那裡與我會合。

我投注許多心力撰寫本書，分享我從上師那裡學到的一切，包含近三十年來的學習、思考、無止境的實踐和奉獻。重點是，如果你想從本書內容中充分受益，心態就必須正確。本書內容改變了我的人生，並持續帶來改變，這是因為我以正確的方式遵從師訓。我需要你明白這一點，否則你就無法從書中獲益。你培養不出恆定力是必然的，也得不到無價的好處。

全心地順從

身為修行人，誓願的其中一項便是順從。現代人們對「順從」一詞普遍反感，心裡想的不外是「不要指使我該怎麼做」！然而，順從並不意味著盲目屈服他人。上師把順從分為兩種：**盲目順從和理智順從**。盲目順從是不過問、不反思，不知釐清對方的動機，就去順從他人；**理智順從則是臣服於你信賴的人投入某領域多年所得的成功經驗從而產生的智慧**。就理智順從來說，我們鼓勵人們在必要時去釐清問題，上師在寺院中致力培養我們的，就是這種心態。

等待心臟移植的病患，對他的醫療團隊抱持信任態度，這是理智的順從。每天都有數百萬名旅客信任機師能駕駛九十萬磅重的金屬飛行物橫越大海，並安全降落，這也是理智的順從。

拿破崙．希爾的《思考致富》一書，是他研究多位具有金融影響力的名人近二十多年的成果。當一個人花了那麼多的時間和精力去鑽研，並總結出有關心智力量的偉大學問，我們就應好好聆聽。

和上師住在寺院的那段期間，我看過許多人向他求益，有不少人是出於好奇才來尋求建議。多數人在見到他之前，心裡就已經有了答案或已經決定好要怎麼做，但我們不應以這種心態去接近他人，尋求建議。

幾十年來，我不斷在尋找各領域中的佼佼者，我經常向他們徵詢意見，也把他們與我分享的見解應用到生活中。

多年前在多倫多，某次演講活動結束後，我碰巧有機會和美國時裝設計師兼企業家馬克．埃科（Marc Ecko）在後台見面。我藉機向他請教對於創業的見解。那時我才剛創業，亟欲向適合的人請益。我問他：「如果要你給一個剛創業的還俗僧侶建議，那會是什麼呢？」

他看著我說：「保持專精與深入。」停頓了一會兒，他重複道：「保持專精與深入。隨著你的進步並成功，你會面臨到許多機會和誘惑，許多人就是因此失敗的。所以，請記得保持專精與深入。」

這些年來，他的建議對我有莫大的幫助。儘管我自己也教導他人養成恆定力，並致力於在生活中實踐，但他的這番話仍在我的生活中得到印證。幾年時間過去，我的確獲得了許多機會，其中一些甚至讓我難以抗拒。但我會趕緊提醒自己要專心於目標，默默地反覆跟自己說：「保持專精與深入。」

還是僧侶的時候，我曾遇到一位才華洋溢的成功攝影師。遺憾的是，我想不起她的名字了，但那時我問她：「倘若妳要給一位僧侶在攝影方面的建議，會是什麼呢？」

她回答：「從多種角度去看一個主題，並且從這些角度去拍攝。你會對自己的發現感到驚喜。」我聽從她的建議有二十年了，我拍照的方式及拍出來的照片確實有了改變。

順從，意味著你將努力、嚴格地遵循他人的建議。如果他們的指示中有任何你不理解的部分，就要去釐清。順從並不表示你不會失敗，或是你得絲毫不差地遵循建議。你可能會遭遇非常多次的失敗，最後才真正能將建議落實在生活中。

有趣的是，有些人在徵詢意見之後，儘管採納了該意見，卻將其調整為符合自身需要的版本。可是，如果不打算跟隨原本的意見，為何一開始要去徵詢呢？假設你想學芭蕾舞，特別報名參加專業芭蕾舞者開設的課程。接受了她的指導後，你卻告訴自己：「我想照自己的方式去跳。」這種叛逆清楚顯示，你的本能還未做好準備。

如果你相信我可以成為教導你如何專注並培養恆定力的導師，就請遵從我的建議。

當你雇請一名導遊帶你乘船穿越佛羅里達大沼澤，那代表你相信他能帶你到大沼澤探險，而不是把你帶去哪個角落餵鱷魚。在閱讀本書、展開旅程時，我也需要你信任我。這裡沒有鱷魚，但如果你無法全心信賴我，我便無法完成我的工作。

你閱讀本書的意圖，以及你是否願意遵順從本書的內容，將決定你能從中受惠多少。

微小但實際的力量

通往專注生活的旅程看似艱辛，前進的道路模糊渺茫，使我們感覺困難重重，因此加劇了內心的不安，繼而焦慮，最終使我們放棄目標。登頂之旅或許讓人覺得困難，但如果有嚮導帶領你踏穩每一步，那就能激發你的信心，使一切變得較容易實現。

如何培養恆定力？答案是：**耐心、有條不紊以及一次踏出一小步**。

大口吞下一個十吋披薩，跟小咬一口披薩品嚐是截然不同的體驗。用吃東西來比喻或許有點老套，但是我想藉此說明多數人的生活態度——**我們急於獲得一切，而且是馬上就要；我們缺乏耐性，而且越來越容易不耐煩。我們**

對周遭的世界、對自己、對自己完成事情的能力，都缺少耐心。

科技使我們更加沒有耐性。畢竟只要幾秒、甚至幾毫秒的時間，動動手指就能得到想要的訊息，任何需要多花費時間的事，都會令我們大翻白眼。科技帶來的即時滿足，使我們將這種期望帶入生活各方面。隨著這種模式在內心反覆形成、強化，我們變得容易失望。我們如孩子般沮喪、挫折、憂鬱，無法區分科技提供的即時滿足，與徐徐展現的人生成果有何不同。

一名僧侶大約要花三十六年的時間接受訓練，並在與世隔絕的寺院裡生活，才能取得「靈性導師」的稱號。但現在，一位瑜伽老師只要幾百小時的培訓，就能取得專業資格。另外還有週末減肥班、成為百萬富翁的五個祕訣、假日班自我探索營、三十天學會彈奏鋼琴等速成班，讓我們沉浸在無休止的謊言中。每天都有人想餵食我們內心那頭不耐煩的野獸，以便從我們的浮躁本性中獲利，而急功近利的結果，導致人的社會行為退化。

我常被人問到：「培養恆定力需要多久時間？」我的回答通常是：「如果你急著知道答案，那恐怕要很長的一段時間。」本書沒有快速的提示或捷徑，而是提供一種通過時間考驗的方法，需要堅持和耐心才能成功。

要追求專注生活，你必須願意慢慢來。我喜歡引用比爾・蓋茲的話：「我們總是高估了未來兩年的變化，低估了未來十年的改變。」我並不是說你得花十年時間才能學會恆定力，而是說我們應該拿出耐心，分配足夠的時間去創造生活的永續改變。為此，我們必須重新調整心智與生活方式。

一旦能接受追求專注的生活需要時間，接下來我們需要認同並接受的，便是展開這趟旅程的態度，而這點至關重要。旅程本身很漫長，但是若我們一直這樣想，就會把它視為一項艱鉅的任務；若能轉換心態，把它看作邁出一小步一小步的旅程，感覺將截然不同。

通向專注生活的頂峰是條漫長的旅程，理解這點很重要。就和任何長途旅行一樣，你必須在心理、情感和身體上做足準備，不要期望一天就能登頂聖母峰。但是，我希望你記住，更關鍵的是你看待這趟漫長旅程的態度。

要我從紐約步行到洛杉磯，我絕對是望之卻步，但如果要我朝著這個方向邁出一小步，我對自己踏出一小步的能力是充滿信心。我的工作是幫助你確立目標，逐步勾勒實現目標的道路，而你的工作是專心於下一步。

前面分享過我和喬．德．塞納的談話，我曾問他關於棄賽的問題：「在長程耐力賽中動念退出時，該怎麼辦？」他回答我：「我告訴自己，只要走到那棵樹就好了，我知道我做得到。等我走到那棵樹時，就再告訴自己，只要碰到前面那顆石頭就好了。最後，我抵達了終點。」

在此以古魯德瓦的一句話概括一小步的力量：「寺廟建成，來自一磚一瓦。」一磚一瓦，彼此堆疊，多年累積下來……就能打造出一座巨大的精神堡壘，屹立超過千年。蘇利耶跋摩二世國王（King Suryavarman II）耗費三十年建造吳哥窟，成為世上首屈一指的神廟建築群，占地一六二．六公頃，在近九百年後仍屹立不搖。

大自然的鬼斧神工同樣得花時間打造。科羅拉多河以近六百萬年的時間，沖刷出大峽谷的自然奇觀。這類日積月累的奇蹟，每天都以我們察覺不到的緩慢速度持續發生，而這一切都要歸功於大地之母持續不懈的奉獻。

許多人低估了堅持不懈的微小力量。俗話說：大生於小，萬丈高樓平地起。一次一小步不會帶給你壓力，訂定微小的目標也是如此。堅持不懈地邁出一小步，是我們對身心需求的一種理解、愛與同情。

身兼企業家、人權運動家的英國環保人士安妮塔．羅迪克（Anita Roddick）有個巧妙的觀察：「如果你認為自己微不足道，無法產生深遠的影響，不妨試著在有蚊子的房間入睡。」這個例子再真實不過。我曾在黑暗中多次拍打自己的臉，堅信既然這隻傲慢的傢伙敢吸我的血，就絕對難逃我的掌心，但我錯了。

剛開始訂定目標時，總不免在心中畫大餅。我們到底想要什麼？目的是什麼？正如希爾所說：「要擁有明確的目標，知道自己想要什麼。」這一點必須清楚說明：要好好展望未來，清楚看見目標的細節。以本書而言，我們的目標便是恆定力。

一旦清楚目標何在，我們便能回到當下，開始勾勒實現目標的道路。當你踏上那條路，請記住，一次只要一小步，一小步就好。我總是將目標的藍圖牢記在心，專注於實現目標所必須跨出的一小步，確實朝那個方向邁去。

一旦跨出這一步，只要朝同方向再邁出另一小步就好，依此類推。

倘若我的目標是從紐約走到洛杉磯，那第一步便是向西走。我會朝西方跨出一步，再邁出一步。我必須謹守紀律，避開想要加快腳步或是抄捷徑的誘惑。許多人每天都在折磨自己的身心，覺得需要不斷迅速改變，才能縮短取得報酬的時間。你的身體需要時間從孩童長大成人，同樣也需要時間重塑內在本質。我們的心智需要學習專注，培養恆定力，神經系統、肌肉組織、身體都是如此，這些都需要時間，你必須對自己溫柔有耐心。

當我們一路朝著頂峰前進，就能欣賞到許多美麗的景色。這些美景不會只在登頂時出現，只要你願意開始攀登，所有人皆可欣賞沿途的美景。因此，追求恆定力的專注生活，你將能及早體驗到它的好處。而且不同於登山，這裡沒有必須抵達的頂峰，我們可以一直不斷地精進恆定力，越能掌握個中訣竅，就越能察覺到自己會更好。

現在就開始學習恆定力吧，那將為你的未來帶來難以估算的回報。

第二部

神祕的心智

第3章

理解心智

世上最強大的工具

在我有幸向上師學習的一切事物中，我認為這一點最重要：要向世人傳達理解心智運作的方式。

我們天生就擁有心智，多數人有幸獲得一顆健全的心智，並和它朝夕相伴。心智如同身體的一部分，是我們在這地球上每分每秒進行探索時不可或缺的最佳良伴。儘管多數人可能沒有注意到，但無論我們是清醒或睡著，心智都處於運作狀態，一天二十四小時不眠不休。與所愛的人事物相處的時間，都遠遠不及與心智相伴的時間。儘管如此，對大多數人來說，心智仍像個陌生人；他們並不知道甚至選擇不去知道這個伴侶的存在。心智如同一位皇室管家，等著為你服務，我們卻對它感到陌生。

心智將非大自然的世界顯化在我們身邊（人造環境），重新塑造了自然世界（儘管往往越弄越糟）。舉例來說，它創造出電腦和智慧型手機；讓太空梭飛進太空，讓探測車能在火星上行駛；讓疾病有嶄新的治療方法；知曉如何利用太陽能；可以在幾小時內旅行到遙遠的他方等，而我們只是剛開始利用這個深不可測的力量而已。

心智是世上最強大的工具，它擁有各種已知、未知的力量和功能，超出我們的理解之外。你早已擁有這項工具，且毋需任何的花費。

儘管如此，世上卻沒有「心智手冊」這樣的東西。不像你購買的各種電子產品，我們找不到任何心智相關的「快速入門」指南。

我們生活周遭的每樣物品幾乎都有使用手冊。買一台攪拌機可以拿到一本厚達三十頁，內附十二種語言的說明書，而且上面的字小到像在測試你的眼力。甚至食物也有食用說明！白米的外包裝就印有教你把米飯煮好吃的文字；咖啡外帶杯印有小心燙傷的警語；冷凍食品的包裝則指導你如何加熱可以美味享用。

可惜心智並沒有任何說明手冊。除此之外，絕大多數的人也從未接受過任何與心智相關的教育，不知道如何理解它、運作它、駕馭它。也難怪有那麼多人陷入與心智的苦戰，精神狀況層出不窮。明明擁有世上最強大的工具，卻沒有人教我們如何使用。圍繞精神健康的議題與話題，歷經幾十年都仍不得其解，心智教育對每一個在學中的孩子而言，其實都有存在的必要性。

為什麼瞭解心智如此重要？因為它是我們每天用來設計並顯化已知現實的工具。所有內在與外在生活創造出的天堂或地獄，都起源於心智。如果能理解心智的運作方式，就可以駕馭並引導它創造出想要的生活。很多人無法創造自己想要的生活，不是因為他們沒有能力，而是因為不瞭解自己的心智，當你不瞭解它，就很難充分利用它。

朋友曾寄給我一張 MINI Cooper 停在路邊的照片。他在電子郵件中寫道：「我拍了一張 MINI 的照片，用 Photoshop 修過圖。你覺得怎麼樣？」照片拍得還不錯，但給人的印象不深。因此我回信說：「照片還不錯，不過沒什麼特別之處。我是不是漏看了什麼地方？」朋友是位專業攝影師，但他拍的這張照片並未展現應有的拍攝水準。隔天，我收到他的回覆：「BMW 沒有生產四門的 MINI！」（當年的確沒有）。原來，他拍了一輛兩門的 MINI Cooper，再用修圖軟體另外加了兩道門，而我完全沒看出破綻。

這個故事要傳達的是，如果我們能瞭解心智的運作方式，就能運用這個工具去塑造想要的生活。雖然我已使用 Photoshop 軟體多年，但仍把自己歸為初學者，因為我無法掌握它的所有功能，不像我朋友熟悉這軟體的所有技巧，所以才能用它創造出想要的成果。同樣地，我們越是瞭解心智，才越能利用這項工具帶來的能力，創造想要的生活。

加入上師的寺院不久後，他就曾問我：「你知道心智如何運作嗎？」

我回答：「我不知道。沒人教導我這方面的知識。」

他說：「那我們就從這裡開始，從認識心智如何運作開始吧。」

上師深刻瞭解心智，所以很擅長打造出認識心智的簡單方法。我經常向他請益，從他身上學到心智的本質，進而提煉出能協助我專注體驗心智的基本原理。

一旦對心智有了某種程度的認識，接下來的目標就是體驗學到的知識。你可以從別人的書裡讀到站在聖母峰俯瞰喜馬拉雅山的文字，但除非親身體驗，否則你永遠無法得知那是什麼感覺。

而這正是許多人失敗的地方。某個週末課程結束後，一位學員興奮地告訴我，她迫不及待地想把方才所學分享給她的工作坊學員。這種學習和分享正在形成一股潮流，只是，這並不是「學習」，稱之為「蒐集資訊」也許更貼切。

有些人只想追求心智方面的知識，藉由翻閱書籍、從網路蒐集資訊，好組合成一盤拌好的沙拉。這盤沙拉也許能讓他們身旁的人留下深刻印象，卻不足以讓他們的生活產生持續性改變。我們必須體認到：取得知識本身，並不等同於學習，不能自欺欺人地認為只要取得越多訊息，成長就越大。我強烈反對只是追求知識的獲取。

每個人都是從取得知識起步，但在這之後，就必須透過親身實踐才能深化學習。針對主題不斷反覆體驗，才能得到更深入的瞭解。

後續章節將分享我對各個主題的認識。接著，我將提供架構，讓你體驗自己學到的知識。有能力學以致用，才能展現你對本書內容的瞭解，進而帶來持續轉變。這正是我要幫助你抵達的目標。

心智的祕密

對心智有基本瞭解，便能在你的生活中創造出巨大轉變，你將能理解、駕馭於這個世上最強大的工具，進而掌握自己的人生。

我保證你能清楚理解本節所要分享的內容，不需辛苦地取得大學學位或擁有高智商。瞭解心智不是複雜的差事，儘管很多人把這件事弄得很繁雜，但真的沒必要。

上師選用每個人都能理解的方式，以簡潔明瞭的說明傳達心智的內部運作。他向我揭示他對心智的深刻瞭解與體驗，同時表達他的意圖是要幫助他人。幫助人們瞭解心智是他最深的渴望，進而對人們的生活產生積極影響。

本書與你分享的內容，是我個人對心智的體驗。我對心智的瞭解，不是從閱讀上百本書總結得來，也不是經過研究和試驗證實的結果。我是去理解上師的教導，認識心智的運作方式，之後再透過彼此間的無數次談話，對心智產生更深入的瞭解。在這之後，他引導我體驗所學，至今已超過二十五年。本書所分享的結論，便是源自我對心智的反覆體驗。

在此分享我的一位摯友兼導師，邁克・呂岑基興（Michael Lutzenkirchen）的話：「儘管我是你的導師，但我仍是該主題的學生。而我希望永遠保持這種狀態。」

這句話貼切表達了我在這趟心智瞭解之旅的所處位置。我是該主題的學生，不是什麼大師、專家。當我對心智的體驗和瞭解越多，就越能察覺自己的不足。在這個出版社對我發出最後通牒的成書版本，你得到的是我截至那一刻的認識和體驗。

你的態度也必須保持在探索的起點，擁有渴望、熱情、樂於學習，像海綿一樣吸收一切。

本節分享的一切學習基礎，是我最希望你獲得的東西。請仔細理解以奠定扎實的基礎，強烈建議你多次閱讀以下章節。你有能力理解、體驗我分享的知識，便能在不知不覺中改變生活。自從我領略了其中奧義後，生活便再也不一樣了。

覺知和心智

你可能聽過「覺知」和「心智」這兩個詞，也可能在日常談話中使用過它們。儘管看似複雜，深不可測，這兩個詞的意義也因人而異，但開始探討前，我必須先為其清楚定義，讓你我能有共享詞彙，對它們在上下文的意涵能產生共同理解。重新校準你對這些詞的理解與運用，能使你更加明白我要分享的內容。或許他人對這些詞各執己見，但為了能確實分享所學，讓我們先從擁有共同的詞彙開始。

先從「心智」開始，**我將心智定義為一個包含許多不同區域的廣闊空間**。舉例來說，心智包括了快樂、忌妒、憤怒等情緒區，還有記憶區、直覺和創造力區，以及可視為心靈糧食的區域，這些區域能幫助你學習舞蹈、攝影、電腦程式、園藝等。**心智是一個廣闊的空間，包含許多不同區域**，這是我希望你看待心智的方式。

接著是「覺知」。**我將覺知定義為一個發光的球體，不受束縛，能夠四處移動**。

或許你對這兩個詞有其他想法，但正如前面提到的，為了建立共享詞彙，我必須對它們做出定義。先別對你讀到的定義妄加論斷，使它變得複雜。為了學習之便，我們必須讓它們簡單易懂。請相信這段過程，因為讓它們有確切的定義，對你的學習之路十分重要。我建議你找張紙把這兩個詞的定義寫下來，貼在每天都看得到的地方，將它們牢記於心。這麼做是為了方便你理解，以真正掌握心智內部運作的本質。

做出覺知和心智的定義後，接著要探討它們的特徵，以及兩者如何相互運作。

覺知和心智是兩個截然不同的獨立事物。覺知會流動，但心智不會。

你的覺知不受束縛，可以移動到心智的任何區域。而覺知移動到哪個區域，它就會點亮那個特定區域。因為覺知是個發光球體，不論它移動到哪裡，就會照亮那個區域。

當覺知照亮心智的特定區域，你就會意識到被照亮的那個區域。只要覺知持續留在那裡，它就會保持明亮，讓你意識到它的存在。

假設覺知移動到名為快樂的心智區域，它就會照亮這個區域，你會意識到快樂。你體驗到快樂這回事，你正在心智的快樂區。

這裡有件重要的事要提醒——那一刻的你是快樂的嗎？不是，不是你快樂，而是你待在名為快樂的心智區域。因為你的覺知移動至心智快樂區，所以你意識到快樂。

你是純粹的覺知（純覺知），在一個名為快樂的心智區域活動。

倘若覺知從快樂區移動到悲傷區，悲傷區就會被照亮，使你意識到悲傷。

但你悲傷嗎？不！**你是純覺知**，暫時駐足在一個稱作悲傷的心智區域，體驗悲傷。只要覺知待在這一區，你就會體會到悲傷。所幸你可以讓覺知從心智的悲傷區移動至任何其他區域。

你可以使用意志力和恆定力來做到這一點。在接下來的章節中，我們將學習怎麼做。

結論是，你不是心智，**你是在心智各區域穿梭的純覺知。覺知會流動，心智不會。無論覺知進入心智的什麼地方，那個特定區域就會亮起來，讓你意識並體驗到這個區域**。

請花點時間確實掌握這個概念，因為它將構成接下來所學的一切基礎。我現在分享的是覺知與心智如何運作。隨後，我將分享兩者在日常生活中運作的實際例子。

我們可以由此得出的另一個結論，當你來到心智的憤怒區，就不再意識到自己處於悲傷區、快樂區、恐懼區或其他區域。你只會意識到自己處於憤怒區，直到覺知移動到另一區，你才會意識並體驗到新區域。

試想你拿著一盞燈，去探索一個又大又黑的洞穴。洞穴就是你的心智，燈籠是你的覺知（發光球體）。你走到洞穴的某個角落，燈就會照亮這個角落，讓你能看到該處的一切，並獲得體驗。如果你離開這個角落，走到洞穴的另一邊，原先的角落便不再有光，你就看不到也體驗不到它了。覺知和心智的運作方式跟洞穴探索完全相同。

覺知停留在心智的哪個區域，決定了那一刻你意識到心智的哪個部分。

在此做一個總結，使我們更清楚上述內容：

1. 理解心智的第一步是，瞭解覺知與心智是截然不同的事物。
2. 你不是心智。你是穿越心智不同區域的純覺知。
3. 覺知會流動，但心智不會。
4. 覺知抵達心智的哪個區域，你便會意識到那個區域。
5. 運用意志力和恆定力，你可以將覺知這個發光球體移動到任何一個心智區域。

上述洞見簡單而深刻，禁得起時間考驗，上師就是這樣教會我認識心智的內部運作方式。這是兩千年來印度教一脈相傳的核心精神教義，也是印度教哲學的支柱。單是這個洞見，便改變了我的生活。我是穿越心智各區域的純覺知，瞭解這點使我領悟，**我能在任何時刻選擇自己希望處在哪個心智區域，就能選擇自己能有什麼樣的體驗**。

這個道理清楚且簡單地顯示，我完全可以掌控自己此生要有什麼體驗。這對我來說是一種解放，這種洞見揭示出了無限的可能性與用途。

我希望此時你已開始瞭解我分享的內容為何如此重要。你的第一步是從理智上理解覺知與心智是如何運作，下一步則是在心智中體驗。當你反覆體驗到如何控制覺知在心智中的去向，你便能獲得這種深刻的洞見。

累積經驗，改變便會發生

單憑一次體驗，無法讓人產生深刻的變化。通常我們需要反覆經歷類似的體驗，才能創造出想要的改變。

想像一個斜向右方的天秤。右邊的秤盤承載著你迄今的體驗，塑造出你對心智目前的觀點。如果你對覺知與心智的運作有了新瞭解與體驗，你便替左邊的秤盤增加了一點重量。你越是明白並體驗到自己能掌控覺知在心智的去向，就越是能往左邊的秤盤增加多一些重量。累積足夠的體驗之後，天秤便會慢慢朝左方傾斜。此時改變開始發生，你將以一種嶄新的方式看待你的心智，你領悟到自己可以控制覺知在心智中的去向。如同上師與我分享的：「一旦你瞭解了某事，就不可能再說你不瞭解。」

掌控覺知在心智中的去向，這類體驗的累積能讓你獲得洞察力，驅動著你每天使用心智的方式。

接下來的兩節，我將以各種比喻描述覺知與心智，以促進你的理解。掌握這個概念至關緊要，成功將在適當的時機和充分專注下到來。

心智有如豪宅

為了更加理解覺知和心智，我們在此將心智比喻為一棟豪宅。

試想一棟坐落在莊園內蜿蜒車道盡頭的豪宅，周圍是一片廣闊的花園。高大的雙門通向大理石地板的大廳、寬闊樓梯、大吊燈、走廊、鑲板牆。現在，你即將進入這棟豪宅，探索其錯綜複雜的內部。

這棟大宅就是你的心智，現在把覺知想成是你。

如同你住過的房子，你可以進入任何一個房間，每個房間代表著不同的心智區域。其中一間是喜悅、一間是快樂、一間是憤怒，還有一間是忌妒等。請想像，你，純覺知，走進了這棟豪宅。你走上寬闊的樓梯，穿過左邊通道，打開看到的第一扇門，走進去，把房門關上。

你意識到自己走進了心智的快樂區，在這裡你意識到了快樂，但是無法意識到隔壁房間、樓下大廳或其他房間裡有些什麼。你全神貫注地待在這個名為快樂的房間，體驗快樂。但你是快樂的嗎？不是。你是純覺知，暫時駐足在心智的快樂區。

現在，你走出房間，關上門，來到走廊盡頭。你選擇打開另一扇門，走進去，把門關上。你來到憤怒的房間，心智中的憤怒區，因此你體驗到了憤怒。但你是憤怒的嗎？也不是。你只是來到心智中的憤怒區，你並不憤怒，你是純覺知，暫時駐足在心智的憤怒區。

當你待在心智的憤怒區，就不會體驗到先前在快樂區的感受。因為你不在那個房間裡。你現在待在另一個房間，體驗著現在這個房間給你的一切，而這個房間充滿了憤怒。同時你意會到，自己剛剛還在快樂區，你是有意識地走到了憤怒區。

現在，你離開憤怒的房間，繼續探索豪宅。每個房間皆提供不同的體驗，只要你待在特定的房間裡，就不再能意識到之前在其他房間裡的感受。

當你將心智視為豪宅，而每個房間象徵不同的心智區域，你就會明白，自己可以選擇造訪任一個房間，甚至住進去，選擇權在你身上。在某個區域停留的時間越長，你就會越習慣。選擇留在哪區無關對錯，只要那個空間令你自在。

儘管如此，有些人會因為在房子裡待太久，以至於變得過度依賴。比如說某人和六個孩子擠在一間兩房小屋，日久成習慣，即使有了錢，這地方已經不符合需求，他仍不願去買更大的房子住。這個例子說明了人對「房子」或心智區域的依賴。我認識一些人十分依賴恐懼區，他們選擇永久居住在那裡不願離開，把護照扔掉，成為恐懼之國的永久居民，結果便永遠活在恐懼之中。

像曼德拉這樣被囚禁二十七年的人是如何保持積極心態的？也許是因為他能以意志力和恆定力穩定自己的覺知，處於想要實現人民自由願景的心智區域。如果他無法掌控覺知，那他所處的惡劣環境極可能會將他的覺知帶到令他痛苦不已的心智區域，結束種族隔離的願景便永遠不會實現。

他清楚知道自己身處的環境很惡劣。然而他也敏銳地意識到，雖然他無法掌控所處的環境，但可以選擇居住在心智的哪個區域。牢房可以囚禁他的身體，但不能囚禁他的覺知。他的發光球體可以自由選擇要入住哪個心智房間，並在裡面茁壯成長，為數百萬人的自由而努力。

若你現在聽到有人說：「我的心四處游蕩」，應該會知道這樣的說法是錯的吧？因為**心智不會遊蕩，遊蕩的是覺知！**覺知會從心智的一區移動到另一區。心智好比豪宅，不會移動，從一個房間移動到另一個房間的，是你，純覺知，過程中你的體驗將變得不同。

就算你家不是豪宅，應該也有類似的經驗。假設你家有廚房、浴室、客廳，也許還有多間臥房，每個空間都是為不同目的和體驗而設計。你去廚房可能是為了做一頓飯、喝一杯飲料，或者不停開關冰箱，看看裡面的東西是否會奇蹟般地發生變化。廚房代表著心智的糧食區，你不去廚房，可能是因為需要小睡片刻，或覺得廚房太油膩。房子裡的每個空間各有用途、功能，提供你各種不同的體驗，心智也不例外。

將心智比喻成房子，是一種表示覺知和心智截然不同的方式。你不是心智，而是純覺知，在心智的不同區域間移動，最重要的是，你可以自己選擇要花時間待在哪些區域。

我在分享這個概念時，很多人會哀嘆：「這也太難了。」如果你從沒學過也從未練習過，那麼做任何事都是困難的。如果你不知道怎麼做披薩，也從來沒有人教過你，要你從無到有地烤出披薩，確實是強人所難，學習掌控覺知在心智中的去向也是如此。

但倘若你願意學習，得到的回報將遠超過你付出的努力。

覺知是一個旅人

為了加深並鞏固你的理解，本節要將覺知看成一個旅人，把心智看成廣闊的世界。上師經常以此比喻來釐清覺知和心智的不同。

試想，你，純覺知，在紐約甘迺迪機場登機，飛越美國上空來到舊金山。一小時後，你會發現自己身處在舊金山市中心，體驗這座城市的一切。儘管你待在這個稱作舊金山的地方，經歷這個地方的一切，但你不是舊金山。你是純覺知，擁有身在舊金山的體驗，你已經不在紐約。

幾天後，你離開舊金山，飛往新德里。幾小時後，因為時差的關係，你暈頭轉向地走出機場，發現自己來到一個人聲鼎沸的地方。各種景象、聲音和氣味充斥著感官，迫使你清楚意識到自己已經不在舊金山。

你現在在新德里，體驗著身處新德里的感受。新德里是你嗎？不是，你身處在一個叫做新德里的地方，但你不是新德里，你是純覺知。你在這座城市的體驗和你在舊金山的體驗大不相同。你在新德里時，就不再能體驗到舊金山，體驗到的是新德里提供的一切。

讓我們在此做個整理。

1. 如同旅人周遊各國獲得各種體驗，你的覺知也可以在心智中旅行，擁有各種體驗。

2. 身為一個遊歷不同城市的旅人，不論何時，你一次只能遊歷一座城市。覺知在心智中也是如此，一次只能體驗到一個心智區域。

3. 不管覺知造訪心智的哪個區域，覺知都不是那個區域本身。它只是體驗著它所造訪的區域，它始終是純覺知。同樣地，你也永遠不是你所造訪的城市。

你隨時都在體驗心智的某個區域，但是千萬不要把你體驗到的區域當作你自己。**你是純覺知**，體驗著你所造訪的心智區域。

當你感覺到憤怒，不要再認為或說出：「我生氣了。」這句話不對，你應該對自己說：「我在心智的憤怒區，體驗著憤怒。我不是生氣。我是純覺知，正在體驗憤怒。」

同樣地，你感到快樂時，也可以說：「我來到了心智的快樂區，正在體驗快樂。我不是快樂。我是純覺知，正在體驗快樂。」

這樣一來，你就能明白，你不是心智，而是在心智中旅行的純覺知。你是心智的自由公民，可以任意選擇在每個區域自由來去。這是你的權利，不要放棄。請明智運用這份自由，同時記得，在心智中旅行要承擔由此帶來的後果。

做好行前準備

上述比喻中，有一點很重要。身為旅人，你可以選擇自己想前往哪座城市。你做出選擇，然後出發。你的覺知也擁有這個「有意識決定目的地」的能力，可以選擇想要前往哪個心智區域。然而，多數人將這個決定權交給了環境。在此，**我把環境定義為你身邊的人和事**。他們讓環境決定覺知在心智中何去何從，把他們要有哪種體驗交給環境來決定。

當你選擇了想要前往的城市，就會做好行前準備。比如我決定去阿拉斯加的安克拉治，就要準備保暖衣物。如果我打算在四月前往印度馬杜賴，那就絕對不需要保暖衣物。

跟女兒談論她的情緒困擾時，我可以選擇將覺知轉移到心智的同理心區。當覺知來到這裡，我便可以有效表達我對她的情緒感同身受，這麼做能讓我為談話做好準備，而我表達的情緒對當下的她最有助益。倘若我對自己的覺知沒有足夠的掌控力，那我的覺知可能會想進入心智中解決問題的區域。我會想辦法替她解決困擾她的事，但那也許不是她在那當下需要的幫助。

掌控覺知在心智中的去向，能使你為一段體驗做好準備，如同一個清楚目的地的旅人，為一趟旅行做好相應的準備。

第 4 章

覺知去哪裡，能量就流向哪裡

正確使用術語

在後續一同探討的路上，我想強調正確使用術語的重要性。我希望你使用本書所定義的「覺知」和「心智」兩個詞。這點很重要，因為我們必須訓練潛意識明白這些詞語的特定意涵。「詞語」意指「具有單一獨特意義的言語或文字元素」。基於這個定義，一個詞語只有一個意思，而不是多重意思。對一個語詞做出多種定義，容易使潛意識混淆。

舉例來說，對小狗下達「坐下」的命令，根據我們給牠的訓練，小狗知道兩隻後腿往下蹲就是坐的意思。但如果我們使用「坐下」這個詞，卻示意牠跑，小狗一定會感到困惑。之後，每當我們說「坐下」，牠就會不知道該坐還是跑。但如果我們一個口令一個動作，那麼意思就不會混淆。

心智也不例外。很多人會說：「每晚遛狗時就是我的冥想時間。」或是「烹飪時就是我的冥想時間。」有人則聲稱盤腿而坐、閉目挺背並有意識地調節呼吸，就是冥想。究竟哪個才是冥想？這些截然不同的行為怎麼會全是冥想？

當我們賦予一個詞諸多不同定義，其涵義就會混亂不一，使潛意識感到困惑。在那種狀態下，潛意識就無法有效地幫助我們。讓潛意識理解一個詞語具體代表的意思，它才能有效利用這個理解來引導我們。

為了共學之便，我必須讓你的潛意識明白我對覺知和心智的定義，以消除潛意識對這些詞語的混淆。潛意識是根據我們輸入的訊息運作。這些訊息可以透過閱讀、體驗、觀看、重複動作等方式傳送。為了不加重潛意識的負擔，我們必須對這些訊息加以定義和組織，使潛意識能有效利用這些訊息為我們服務。

給予潛意識明確的定義與概念，是為了訓練其清楚認識一切是如何運作的，進而使潛意識反過來，協助引導我們深入理解覺知和心智的概念。

額外說明一點。以這種方式訓練的潛意識，將使超意識更容易透過潛意識發揮作用。因為超意識在有組織、結構、紀律、有條不紊的潛意識中，能發揮最佳功效。上師對我的指導，有很大一部分就是對我的潛意識重新下達命令，使我能更有效地進入超意識。因此，例行公事與儀式是訓練僧侶的重要內容，有一部分是為了幫助建構潛意識。

回到正確使用術語的問題上。正確使用術語能加強所學，訓練潛意識清楚瞭解新概念，進而在潛意識中形成模式，反過來成為你的嚮導。

舉例來說，我們不說「我的心智在遊蕩」，而是「我的覺知在遊蕩」。我們知道心智不會遊蕩，而是覺知在心智中移動。使用正確的術語，才能訓練潛意識瞭解覺知和心智如何運作，以及兩者的特點與支配它們的法則等。

如果不去規範正確術語的使用，而是交替使用這些詞語，有時說「我的心智遊蕩去了」，有時候又說「抱歉，請你再說一遍，我的覺知剛才去遊蕩了。」這麼做會讓潛意識混淆。就像我們用「坐」這個詞訓練小狗「坐」和

「跑」一樣。

正確使用術語對我們的學習非常關鍵。接下來，請留意在日常生活中如何使用這些詞。

覺知在日常中的運作

我們已經從理論上瞭解覺知和心智如何運作，現在該描述日常生活中的實例了。

以看電影為例。週末午後，你在家閒來沒事，此時接到朋友的電話：「要不要去看最新上映的 007 電影。瞧瞧詹姆斯．龐德這次要使出什麼絕活？」

你欣然答道：「好，我們走吧。」

不到一個小時，你與朋友並肩坐在電影院裡，一邊聊天，一邊等著電影開演。為了搶到好座位，你們提早抵達，買了一桶足以在發展中國家養活整個村莊的爆米花，還有超大杯飲料。

你和朋友討論起前一晚的政論節目，你的覺知駐足在心智的這個區域。談話進行到一半，燈光轉暗，觀眾安靜下來。你們也結束談話，將覺知轉移到螢幕上。

如果電影是由傑出導演所執導，那一定能吸引你的覺知從心智的現在區域快速移動到另一個區域。龐德系列電影的開場總是引人入勝：它來自導演最瘋狂的想像深處，讓你的覺知從原本所在的心智區域，跳往另一個令你感到興奮的區域。龐德奇蹟般地逃脫時，你屏住呼吸，目不轉睛地盯著螢幕。片頭結束後，動聽的音樂伴隨片名出現，女人舞動身軀的剪影，將每個男孩夢想成為間諜的覺知帶往心智的感官區。龐德把玩的嶄新技術讓覺知悠遊在科技領域，而惡人征服世界的瘋狂計畫，則使覺知轉移到心智的恐懼區。

在電影對情緒的推波助瀾下，你的覺知不斷在心智的各區域間來回移動，直到電影結束。情緒的力量吸引著你的覺知，並把它移動到與該情緒相應的心智區域。當電影院裡的燈光亮起，你的情緒開始消退，你迫不及待地向朋友讚嘆道：「龐德真了不起！」

電影越精彩，你越意識不到自己正在看電影。你的覺知沉浸在出神入化的電影劇情裡，忘卻時間的流逝和周圍一切。潛意識引導你的手反覆地往嘴裡塞爆米花，你的覺知在心智中馳騁，跟著精心設計的劇情前往一個又一個心智區域，體驗與該區域相呼應的情緒。

這顯然正是你花錢買電影票的目的。你**允許**導演和情節把你的覺知帶心智旅行，以便經歷這些不同的體驗。

重點是，很多人在自己的一天中也是這麼做的。他們在不知不覺中，允許周遭的環境、人、事帶著覺知從心智的一個區域移到另一個區域，每天周而復始。

對多數人來說，生活中的人和事就是他們日常體驗的導演。環境決定了他們覺知的去向，使他們在一天中擁有無數的體驗。但是，並非所有體驗都獲得了體驗者的認可，有些經驗振奮人心，有些則不然；有些在情緒上令人不安和沮喪，有些則帶來快樂。這些體驗像一片片落葉，你不知道它會飄落在哪一片地面。

看電影的你很清楚自己將要經歷哪種情緒，但日常生活中則不同，未經審查、未經許可的情緒，將導致你的心神動盪不安，帶來難以預測的結果。

允許環境決定覺知的去向，使我們成為周圍一切人和事的奴隸。覺知成了一個沒有劇本的演員，不可預測的劇情使心智和神經系統任由環境擺布，因為事情發展可能很順利，也可能很不妙。

舉例來說，已婚育有二子的企業家普麗婭早上醒來時，她的覺知大多沉浸在深愛的家人身上。儘管早晨總是很混亂，因為她要應付孩子們的各種突發狀況，讓他們盡快準備好出門上學，但她的覺知大多在心智的快樂區。送完孩子之後，她便前往辦公室。

她沿著高速公路行駛時，一輛車在她前面突然轉向，差點發生擦撞。普麗婭知道自己險些遭遇嚴重事故，因而感到非常不安。車子轉過來時，她的覺知短暫陷入心智的恐懼區，隨後跳往憤怒區。不過一會兒工夫，她已遠離心智的快樂區。她怒火中燒，一邊繼續開車去上班，一邊在心裡咒罵對方。

抵達公司時，高速公路的意外仍令她氣憤難平，而她意識到自己不能以這種方式展開一天，否則她的情緒會影響團隊。於是，她試圖將覺知轉移到令人振奮的心智區域。進辦公室時，她向團隊成員打招呼，接著走上二樓自己的辦公室。

才剛坐下，一名成員就面露羞愧地走進來，向她坦承：「普麗婭，很抱歉。我忘了訂購計畫所需的零件。所以今天無法按計畫完成進度。我想先告知妳這一點。」這句話令普麗婭的覺知被帶往心智的沮喪區。她把頭埋進雙手，然後惱怒地抬起頭：「你怎麼搞的？上週不是才討論過今天需要這些零件嗎？」

簡短討論如何解決問題後，這名成員離開辦公室，普麗婭靠在椅子上慢慢調整呼吸，她的一天才剛開始。一分鐘後電話響起，她接起電話。對方是公司過去七個月來努力爭取的客戶，對方說：「你們的提案很棒，我們想請你們公司完成這項專案！」

她開心極了，畢竟她與團隊費了一番功夫才爭取到這個客戶。這個好消息讓她的覺知進入興奮區。掛斷電話後，她打開筆電查看電子郵件。收件匣裡有五十三封新郵件，包括四個午餐前的會議通知。她的覺知不可避免地滑向精神不堪重負的區域，興奮感開始消退。她的覺知剛剛才停留在興奮區一會兒，馬上就被召喚到下個地方。

普麗婭的上午才過了幾小時，她的覺知就像彈珠檯的球在心智裡蹦來跳去，而接下來的一天也是如此。

普麗婭任由身邊的人和事支配她的覺知一整日的去向，導致她經歷情緒的迅速變化。這不僅令她的精神與情緒不堪負荷，也給她的神經系統帶來巨大壓力。結果是，普麗婭成為了周遭一切人和事的奴隸，她在不自覺中允許環境將她的覺知帶往心智的各區域，她的情緒也因此而高低起伏。

這正是多數人的日常，將覺知的控制權交給身邊的人和事，一天的體驗都取決於環境為他們做出的選擇。社群媒體上的貓咪影片引人微笑，一條短訊讓人瘋狂地爭論三小時，新聞總讓人沮喪，令人質疑我們身處的世界。如此周而復始地一天又一天，人們的覺知成了受周圍的人和事操縱起舞的木偶。

無法掌控覺知在心智的去向，會導致你成為環境的奴隸。

我們不需要這樣生活。反之，我們可以透過掌控覺知，準確地選擇要覺知進入心智的哪個區域。當我們能做到這樣，就獲得了自由，因為我們引導覺知前往我們希望它去的地方時，就是在選擇想要哪種體驗。只要覺知在我們的掌控之中，除非徵求我們的同意，否則沒有人能決定我們的感受。

把覺知想成一隻狗

我們可以把被周圍環境拉著往四面八方跑的覺知，比喻成一隻散步的狗。想像覺知是一隻狗，而這隻狗可以分成三種類型：受過訓練、未受過訓練但拴著狗鍊，未受過訓練也沒拴著狗鍊。

我們最常見到的是未經訓練也沒有拴著狗鍊的狗，牠在公園裡往你的方向奔來時，那雙炯炯有神的眼睛、在風中甩動的舌頭，都微微喚起你心中的恐懼。不受束縛的能量驅使著牠四處奔跑，不論是貓咪的氣味、另一隻狗，還是一隻受驚的鴿子，任何一點誘惑都能引起牠注意。這隻四腿野獸幾乎不受任何人控制，主人想叫回牠幾乎是不可能的任務，除非牠準備進食和休息。

有些人的覺知與未受訓練又沒拴狗鍊的狗兒相去不遠。他們的發光球體不受意志力約束，不分青紅皂白地與周圍一切事物打交道，任何人和事都可能觸發他的反應，使覺知迅速進入心智的某個區域，引發相應的情緒。當外在世界無法與覺知打交道，覺知就會像隻未經訓練的狗在心智四處亂竄，在思緒、內在對話和爭論、猶豫等之間轉個不停。我們因此感到疲憊，即使身體進入夢鄉，覺知仍在心智四處徘徊，導致我們煩躁不安、出現怪異的夢境，起床後身體仍無法得到充分休息。而這隻靜不下來的小狗，又將開始反覆無常的一天。

再來看看未經訓練但拴著狗鍊的小狗。雖然這隻狗被狗鍊束縛著，但仍保有小狗的行為模式。牠想到處亂跑，但身上的狗鍊將牠固定在主人身邊。

在紐約生活十多年，我經常看到小狗帶著主人去散步——這些小狗在前頭帶路，領著主人到處走，城市的氣味刺激牠們的鼻孔，喚起牠們的冒險精神。於是，人狗之間自然產生拉鋸戰。

對自己的覺知有一定控制力的人就是如此。他們並不總是能意識到覺知去了哪裡，但意識到時，他們往往有足夠的意志力能拉它回來。那就像你意會到小狗把鼻子鑽進你不希望牠去聞的地方，你會把狗鍊往回拉一樣。雖然狗鼻子上可能已經沾上必須擦掉的不明東西，但及時的反應讓你免去一場災難。同樣地，有些人發現覺知偏離軌道時，能施加足夠的掌控力，在造成遺憾之前將覺知拉回。

最後，我們來談談受過訓練的狗。但我想先分享自己在維京群島的一次經歷。某次假期，我認識了聯邦調查局的一位K-9成員，單位配給他一隻德國牧羊犬。他說每當他遛狗時，小狗都會走在他身邊，這隻狗並未拴上狗鍊，但牠甚至知道該與主人保持最佳距離。

一天，他向我展示這隻狗的自制力。他把一大碗狗食擺放在牠面前，指示牠坐著等。對這隻狗來說，這一分鐘彷彿是好幾個鐘頭，因為牠的嘴角不斷流下口水。但在這整段等待過程中，牠都沒有去吃狗食，儘管牠確實用懇求的眼神看著主人。一分鐘後，他才向這隻狗下達可以吃東西的指令，於是德國牧羊犬撲向狗碗，狼吞虎嚥地吞下食物。

有少數人能將覺知訓練得像這隻小狗一樣乖順，正襟危坐地等待指示，不會不分青紅皂白地對周圍環境反應。意志力是它的韁繩，智慧是它的嚮導，我們有能力選擇與哪些人與事、在什麼時候打交道，就會獲得自由與安寧。對這些難能可貴的人來說，心智是掌控其生活經驗的中心，是一個需要保護的聖地。這些人的靈魂知道，不受約束的覺知會讓心智陷入困境。

也許你會覺得，我把覺知形容得像是與我們不相干的東西，我確實有意這麼做，以清楚傳達我想表達的概念。請留意你是純覺知，當覺知意識到自己，就可以引導它自己。讓覺知像隻未經訓練的狗會讓人疲於奔命，它會浪費你在地球上極為寶貴又有限的時間和精力。因此，我們希望將覺知訓練得像K-9的忠犬般乖順，在牠陷入與人或事的糾結之前，先等待你的指示。

掌控覺知的好處是，你對生活能有更多掌控權，包括掌控你如何與環境互動、如何對經驗做出反應和回應、如何做出決定等，這一切都將為你帶來更好的生活。

關於能量

二十世紀上半葉，我的導師說過一句至理名言：「覺知去哪裡，能量就流向哪裡。」這句話來自他對心智內部運作的深刻領悟，這些領悟引導他了悟真我，幾十年來也改變了無數的生命。這句話完美地表達了覺知和能量之間的關係。

然而自那之後，許多人稍加更動詞彙，就宣稱這句話出自他們之口。這是抄襲，絕非奉承。當你對自己的領悟感到安適自在，應該會很自然地認同他人的領悟，並覺得與有榮焉。

本書給予了覺知大量關注，給予能量的關注也絕對不能少。畢竟，能量就是一切。瞭解心智的關鍵之一，就是瞭解能量在其中扮演的角色。

首先，讓我們從能量的傳統定義開始探討。能量是一個常見的詞，但我很好奇有多少人能準確地定義它。科學家將能量定義為「做功」的能力，翻查字典可以看到它的另一個定義：「從事某件事的物理或精神力量。」

科學透過以下屬性進一步闡述能量：

- 能量既不能被創造，也不能被消滅。
- 能量可以從一個物體轉移到另一個物體。
- 能量可以從一種形式轉化為另一種形式。

能量的核心如同一股智性力量，滲透到所有存在之中。它存在於你、我、風中搖曳的樹木、流動和蒸發的水、為我們遮陽的雲層、夜空中閃爍的星星……所有看得見和看不見的萬事萬物中。雖然它在變化，但它是生命中的一個常量，構成生命的全部。它是我們的本質。

塞爾維亞裔美國科學家尼古拉．特斯拉（Nikola Tesla）對能量有更深入的洞見。他說：「如果想探尋宇宙的奧祕，不妨從能量、頻率和振動的角度來思考。」這句話簡明扼要地掌握了我所實踐的印度教基本法則。

進一步來說，事物皆由能量組成，並以特定的頻率振動。有些人能根據振動頻率感覺能量與他們合不合。我們可能聽過這樣的說法：「這裡的能量很正面」，或者「我感覺到這裡有很多不好的能量」。但能量其實無所謂好壞。它只是能量，有著與我們一致或不一致的振動頻率。比如說，重金屬音樂發出的振動頻率對有些人來說很振奮，對另一些人來說則是難以忍受。

前文有一節曾提出能量與澆水的道理相同，不論是雜草還是花朵，你給什麼澆水，什麼就會生長。能量的運作也是一樣，無論我們投入能量到什麼事物上，不管正面還是負面事物，它都會開始生長並在生活中顯化。能量沒有正面或負面之分，這點非常重要。人生就是我們將能量投入到某處的顯化。

請謹記這點，還有古魯德瓦說過的話：「覺知去哪裡，能量就流向哪裡。」因此可以得出結論——覺知到哪裡，能量就會流向哪裡，而能量流向哪裡，就會在生活中顯現出來。這個關鍵原則構成了事物如何在我們生活中顯化、心智又如何形成並加強模式等的根基。

覺知去哪裡，能量就流向哪裡。

現在，讓我們來看看心智、覺知和能量會如何合作。

如果覺知這個發光的球體，前往了心智的特定區域，那裡就會是能量流動的地方。覺知進入心智的快樂區，能量便流到此處，使該區域獲得加強。越是頻繁地把發光球體送往心智的快樂區，就會有更多能量流向這個區域，在該區域儲存的能量就越多。

心智宛如一座花園

試想心智是一座美麗的大花園，有著許多園圃，園圃裡滿是營養的黑土。其中一個園圃種番茄，一個種甘藍，一個種青豆，在這個大花園裡，至少有四十個園圃種滿蔬菜或植物，園圃之間有相等的間距，鋪有碎石小路。

倘若你花一個月時間每天只替番茄澆水，番茄將會長得又高又挺，其他植物如青豆、甘藍、南瓜等，則會開始枯萎、發黃，最後死去。只有被澆水的園圃，植物才能茁壯成長。

現在把心智想成一個大花園，裡面有很多園圃。每個園圃代表心智的不同區域。其中一個園圃是同情，一個是幸福，一個是嫉妒，旁邊是憤怒（憤怒和嫉妒是鄰居，你知道的），還有一個是喜悅等等。

當你的覺知進入憤怒的園圃，你的能量便流來這裡，心智的憤怒區就會加強。儲存的能量越多，它就會變得越強大。同理，當覺知進入快樂的園圃，能量便流進心智的快樂區。獲得更多能量的這一區，便會成長茁壯。

當覺知持續進入特定的園圃或某個心智區域，你的能量就會持續「澆灌」那個區域。澆灌得越多，那一區就越強大。而當心智的特定區域得到了加強，將會導致一些後果，我們很快就會看到這一點。該如何掌控能量的流向，又要加強心智的哪個特定區域呢？答案現在應該非常明顯了！

掌控覺知的去向，你就能掌控能量的流向。掌控能量的流向，就掌控了要加強哪個心智區域，並在你的生活中顯化出來。

你必須努力學習掌握心智、覺知和能量相互作用的基本原則。先運用理智去理解，然後努力在心智中體驗。

你現在或許已經可以辨認出，多年來自己不斷澆灌的心智園圃是哪一個了。其中有些呈現出你最好的一面，有些也許需要你去管理並剷除雜草了。

情緒的磁場

前一節告訴我們，當覺知反覆進入心智的特定區域，其能量就越多，該區域就會得到加強。但心智的某個區域得到加強，這話是什麼意思？要回答這個問題，就要先瞭解能量、情緒和覺知之間的關係。

持續投入能量到心智的特定區域，會使其變得強大。所謂「強大」不見得是指正面，因為許多人會持續不斷地將覺知帶往負面區域，而使能量流向那裡，創造出極為強大的心智負面區域。

能量還有一個重要特徵：**帶有磁場**。隨著能量在心智特定區域的累積，該區域會被加強並具有磁力，而磁場越強大，就越能吸引覺知進入。

能量流向心智的某個特定區域，便會具有該區域的特徵。例如，能量流到憤怒區，便會轉變成憤怒的情緒，流向快樂區，就會轉變成快樂的情緒。

隨心智不同區域變化的能量

本書把情緒定義為能量的一種自我表達。你的內在具有能量，表露出來時，可能會以情緒的形式展現，比如快樂、憤怒、悲傷、喜悅等。必須瞭解的是，情緒並非能量的唯一出口。

當覺知進入心智的快樂區，能量就流向那裡，從原來的頻率轉為與快樂相應的頻率，表露在外便是快樂的情緒。

你試過在蛋糕上塗糖霜嗎？把糖霜塞進擠花袋，從尖端擠出來，尖端的模具是什麼形狀，糖霜就是什麼形狀。

在這個比喻中，心智是擠花袋，糖霜是能量，擠花模具則是心智的不同區域。

糖霜就只是糖霜，是擠花袋尖端的模具讓它有不同的形狀。同樣地，能量也只是能量。能量會流經心智的特定區域，流出來時，便帶有該心智區域的頻率。

「快樂」形狀的擠花模具會使能量展現出快樂的情緒，「憤怒」形狀的擠花模具則會使能量展現出憤怒的情緒。能量的核心就是能量，只是因為透過不同的模具，所以發出不同的頻率。這是我喜歡特斯拉說法的原因，他簡要概括了能量的本質：要「從能量、頻率和振動的角度來思考。」這是強而有力的理解。

情緒是能量，能量是磁場。情緒越多，能量越多，對覺知的磁力也越大。

有些人的心智區域儲存了幾十年的能量。由於充滿能量，所以覺知幾乎難以擺脫它的磁力（磁場）。他們因此永久生活在這些可能是正面，也可能是負面的心智區域。你可能就遇過總是表現得消極、悲傷或沮喪的人。那是因為多年來，他在這些負面區域投入了大量能量，以至於那些區域變成一個龐大的磁場，整天吸引著他的覺知。遇到這樣的人，你可能會想大叫：「我的老天，真是個令人沮喪的傢伙！」

充滿能量的心智區域將成為覺知的永久家園。然而，這並非唯一吸引覺知的區域。

許多人的潛意識留存著發生在生命中某時刻、懸而未決的情緒體驗。這些體驗充滿著情緒，宛如一塊超強磁鐵，將人的覺知反覆拉來這裡，導致人們反覆重溫自己的過去。與之相關的情緒越強烈，對覺知的磁力就越大。這是能量累積在心智中的另一種形式，並影響著覺知的去向。

潛意識中未能得到解決的情緒體驗，是深不可測的心理障礙。假設你與親近的人發生激烈爭吵，並且選擇不了了之，你便在潛意識中創造了一個懸而未決的體驗，並將情緒嵌入其中。由於激烈爭吵產生的大量情緒，在潛意識中形成強大的磁場，你會發現自己的覺知一整天都被拉回潛意識的這個體驗中。每當你的覺知與這個懸而未決的體驗打交道，這段體驗便會浮上檯面，引發各種內在辯論。

除非嵌入的情緒能有效轉移，否則它就會持續以磁力吸引覺知注意。一旦情緒能從體驗中轉移出來，常居潛意識的體驗就會失去吸引覺知的磁力。如此一來，它也就不再能影響你的情緒。

觀察你的心智，你會發現潛意識裡的每段體驗都吸附了很多情緒，無論是何種情緒，都具有吸引覺知的龐大力量。以負面體驗為例，不論是最近幾年的經驗，還是幾十年來的累積，即使過了數十年，這些體驗依然包含情緒在內，因為它們沒有得到解決，便因此影響你的覺知。

要化解一段尚待解決的情緒體驗，意味著需要充分理解問題所在，才能使其中的情緒不再影響我們，可以客觀地看待這段體驗，並且從中學習。這一點，透過各種形式的心理治療和心智實踐就能做到。倘若我們持續對它做出情緒反應，要想從體驗中有所學習便會非常困難。

呼之欲出的真相

覺知去哪裡，能量就流向哪裡。這句話是什麼意思？其實這裡傳達了一個更深層的訊息，你能憑直覺知道那是什麼嗎？

如果覺知去哪裡，能量就流向哪裡，那我們能否斷定覺知和能量是同一回事？可以的。

覺知是集中的能量。集中你的覺知，就是在集中你的能量。分散能量時，就是在分散覺知。

這就是為什麼當你專注於調節呼吸，將能量收回並集中在一起，你會感覺到自己變得更全神貫注。因為收回能量的同時，你便收回了覺知；集中能量時，你也同時集中了覺知。

顯化的力量

若想在生活中顯化某樣事物，請把你的能量投入其中。記住，人生是你投入能量到某處的顯化，你身邊的人、事和機會，都顯現出你將能量投入何處，這是你的覺知駐足在某些心智領域的證明。不管你把能量投入哪個地方，它都會在生活中彰顯出來。

掌控覺知的去向，就能掌控能量的流向，你便能掌握想在生活中顯化什麼。我不斷談論理解覺知和心智，以及控制覺知去向的重要性，原因就在於此。你之所以做不到，很大一部分是因為你無法駕馭、集中覺知，也就是無法集中能量。若是無法將能量充分投入某件事上，就不能指望實現它，更不用說過程中還需要其他條件配合才行。集中覺知與能量的能力，是不可或缺的要件。

許多人不知道自己的覺知一整天去了哪裡。生活中的每分每秒，覺知都有可能前往不健康的心智區域，把能量引入那裡，繼而顯化在生活中的契機。同樣地，這也是個做出明智選擇的大好機會，讓覺知前往令人振奮的心智區域，並將能量儲存在該處。

你可以選擇覺知在心智中的去向，沒有人能剝奪你的權力，你是覺知的管家。

學習掌握覺知在心智中的去向是必要的。任何事物顯化於生活之前，都會先在心中顯現，一切都從覺知不斷前往的心智區域開始。

同樣地，如果你想從自己的生活中拿掉什麼，就必須把某區域的能量釋放出來，它自然就會消失。要如何釋放能量？讓你的覺知從該區域離開。一旦能量流出該區域，它就不會再生長。這就是覺知和能量的運作方式。

請多讀幾回我在本節分享的內容，反覆思考，並且盡一切努力去掌握它。

心智猶如菌絲體

我們是群無畏的旅人，喜歡探索世界，開拓視野，體驗不同的文化、傳統、美食、藝術或音樂。儘管熱愛探索，有些地方會吸引我們不斷地回訪，只要去到這些地方，感覺就像回到了家。這些地方有我們熟悉的過去，我們知道上哪去吃最愛的食物，我們會漫步街道，與熟識的面孔打招呼，一切都讓我們感覺舒服自在。

這種經驗也出現在心智中，有些人喜愛探索心智，他們對學習感興趣，熱愛新知。這些都是促使覺知探索心智各區域的動機。

我們經常造訪自己熟悉的心智區域，其中有些令人振奮，有些則不然。

但是因為長時間的頻頻造訪，所以我們對其瞭如指掌，知道那裡會出現什麼。這種熟悉滋生出安全感，儘管這些地方不見得對我們有好處。

有些地方我們是有意識地前往，並清楚自己正身在其中。然而有些地方，則是在不知不覺中前去的，或許是受到深植於潛意識中的某個習慣或周圍事物的影響，例如有些父母會不自覺地打擊孩子，年復一年傷害其自尊心的結果，會使孩子經常進入心智的憂鬱區。

這些對我們來說宛如家一般的心智區域，都連接著通往它們的道路，而這些道路都是覺知耗費多年，來往返其間開闢出來的。

試想一位叢林探險家闖入茂密的熱帶雨林，幾天後發現一座三十英尺高的大瀑布，他急著與他人分享這處祕境，所以想開闢一條通往瀑布的道路。他沿著來時路回到起點，沿途留下標記，以此畫一條路徑。一個月後，他帶著一群人回來尋找瀑布，但生長力旺盛的叢林模糊了他的標記，所以徒步前往瀑布的路上，他們清除了好些雜草，才使路徑變得清晰。

五年過去，陸續有數千人來參觀這個瀑布。你認為這條道路會變得什麼模樣？是否還像探險家初次探訪那樣？當然不是。如今已有一條五英尺寬的步道通往瀑布，沿途暢通無阻，所有人都能快速方便地進入。

覺知和心智也是如此運作。你可以把覺知看成探險者，心智則是叢林。當覺知往返於心智的特定區域，它便開闢了一條路徑，如同通往瀑布的步道。覺知越是經常來回穿梭，這條路就變得越清晰，最終形成一條溝槽。而溝槽越深，覺知就越是容易沿著它抵達經常前往的心智區域，不需要每次都闢一條新路徑，只要沿著原有的溝槽就能輕易抵達目的地。

你是否遇過容易為小事發脾氣的人？即使是最微不足道的小事也會挑起他的暴怒神經，導致他憤怒不已。你可以說，這個人已經鑿出一條深深的溝槽通往心智的憤怒區，他的覺知可以從任何地方快速進到這，因為已經有一條暢通無礙的路徑可以讓他輕易地抵達。

覺知在沒有任何阻力的情況下抵達了憤怒區，能量也隨之而來，其振動頻率化為憤怒的頻率，並因此表現出憤怒。一個容易為小事發怒的人，已鋪設了一條通往心智憤怒區的高速公路。

有些人則是鋪設了深深的溝槽，通向心智的振奮區。我在前文提到的那位模里西斯男子，他的覺知總是能迅速前往快樂區。他告訴我，他已經鋪設了一條深深的溝槽通往這個心智區域。就算只是看到一張熟悉的臉龐，也足以觸動他的覺知前往，使能量以快樂的頻率振動，因此表現出快樂的情緒，發出富有感染力的微笑。

心智充滿了我們在有意識或無意識間創造的路徑。菌絲體在森林形成了錯綜複雜的地下網路，心智也有個同樣盤根錯節的路徑，而這是我們在今生，甚至是前世合力創造的。如果仔細觀察，你會發現心智中有一些根深蒂固的溝槽並非在今生所創，因為你這一世的經歷其實並不足以產生這些路徑。

無論如何，心智路徑支配著覺知每天要往返於心智的哪些區域。如果對覺知在心智中的去向缺乏有意識的掌握，就是把覺知的命運、目的地和體驗交給這些既定軌道。

現在，把本節所學結合前面兩節（談能量和情緒），可以推知當覺知反覆進入心智的某個區域，會產生以下結果：

1. **能量會儲存在覺知的所到之處。**
2. **心智區域因為能量的累積而加強，形成高磁場。**
3. **通往該區域的明確路徑會因此形成。**

覺知很容易屈服於鋪設好的路徑，進入心智中充滿磁場的區域，讓其磁力不斷吸引覺知前往。如果你發現自己對覺知的掌控鬆動了，那表示覺知正順著某條現成的溝槽，往吸引它的地方前進。

假設某個人早上醒來後，選擇花一小時進行傳統的冥想練習來展開一天，那就是在為通往更高的心靈境界鋪展設道路。他能引導覺知從本能意識，靈活地穿越潛意識，進入超意識區域。每日持續冥想並遵循明確的儀式，有助於在他的心智中建立一條道路，並將能量聚集於此。不久之後，他就闢出一條深深的溝槽，通往一個高磁場區。

只要打造出一條路徑明確的高磁場區，覺知在任何時候都能造訪，該區域也將持續吸引著覺知。倘若他白天體驗到一個充滿挑戰的體驗，他的覺知便容易沿著這條路抵達心智的振奮區，使他能從更高的心靈境界來看待此一體驗，進而做出更明智的決定來因應挑戰。

我認識的創業家，有幾位便開闢了通往更高心靈境界的路徑，使他們在自己或公司面臨挑戰時能有更明智的洞察力。面對問題時，覺知會沿著他們多年來打造的道路前進，抵達更高的心靈境界後，便能對問題產生更高遠的看法，使他們能觀察到他人忽略的解方。其實我們也能在心智中開闢許多類似的區域，讓具有高磁場的區域成為覺知預設的去向。

有些人喜歡在週末時候看恐怖電影，讓覺知被帶往心智的恐懼區，沉醉於恐懼感中。當此過程重複發生，就會創造出通往心智恐懼區的溝槽，聚集大量的能量，使此區具有強烈的磁力。於是，日常生活中的預設觀點和反應也會趨向恐懼，因為這是心智中阻力最小的路徑。如果無法有效控制覺知，它就會走上這條通往恐懼區的路。

我提出的「心智路徑」概念來自我的上師。他鋪設了通往心智各區域的路徑，特別是通往超意識，使他的僧侶們能準確地體驗心智各區域。前往這些定義明確的目的地越多次，通往這些心智區域的道路就益發明確，使我們每次都能更輕鬆無礙地抵達該處。

人類在地球上開闢了許多道路，每一條都有明確的目的地。政府不會投入大量的時間、精力和金錢，只為建造一條沒有目的地的高速公路。有通往聖母峰峰頂的崎嶇山路、從紐約到洛杉磯的高速公路、穿過國家公園通往瀑布或壯麗風景的健走步道，甚至連電影院都有一條從漆黑放映廳走出來的明亮通道。

我們也可以在心智中建立嶄新的道路。**這條路徑很關鍵，而目的地更是關鍵，因為目的地決定了路徑**。先確定目的地，再建立通往目的地的道路，想要訂出目的地，就必須有意識地掌控覺知在心智中的去向，唯有如此才能建立路徑。在這期間的任何重複動作，無論有意識還是無意識，都是在展開這段過程。

總結來說，覺知的頻繁造訪，會形成心智的高磁力區和一條通往它的道路，那是你選擇要覺知前往的目的地。我們之所以要瞭解覺知和心智的運作、學習掌控覺知去向的原因就在此。

第 5 章

掌控覺知

定義目的與目標

瞭解覺知和心智如何運作的目的和目標，是為了能夠有意識地掌控覺知在心智中的去向——有意識地選擇自己要在哪個特定時刻，將覺知轉移到心智的哪個特定位置。目的可以有很多種：養成恆定力、克服恐懼和擔憂、消除焦慮、改善觀察力，以及體驗更高的心靈境界等。

重點是要瞭解「有意識地掌控覺知在心智中的去向」是什麼意思。這表示你有能力在任何特定時刻選擇覺知在心智中的位置，同時克服那些試圖將覺知轉移到非你選擇的心智區域的內外力量。

舉一個我在紐約的常見例子來說明，我經常搭地鐵在這座城市穿梭。某次我坐在車廂裡閱讀手機文章時，注意到一對站在不遠處的夫婦吵了起來。車廂雖不擁擠，但幾乎都坐滿了人，只有幾個人站著。這對夫婦開始使用情緒化的字眼，同時緊抓著車廂裡的金屬桿——細菌的培養皿，但這似乎是他們關係中唯一不可動搖的物品。

列車抵達下一站前，他倆逐漸提高的音量吸引了周圍乘客的注意。

「我真不相信你會這麼做，太不成體統了！」她驚呼道。

「我想怎麼做就怎麼做，不需要妳同意！」他反駁說。

男人的回答對女人升高的怒氣來說，無異是火上加油。這兩人變得更加情緒化，覺知完全沉浸在爭吵之中，沒有注意到自己的一舉一動已經引起旁人的關注。隨著爭吵越演越烈，開始引發其他乘客的連鎖反應。

「這是一個研究覺知和心智的大好機會。」我一邊想，一邊放下手機，準備觀賞這齣「地鐵日常」，這比我正在讀的文章更有具啟發性。

距離這對夫婦最近的人意識到自己被捲入這對怨偶的爭執中，紛紛開始出現反應。從每個人的反應，可以看出他們對自己的覺知有多少掌控力，也可以看到他們的覺知在心智中的去向。

一位站在這對夫婦身旁的女士邊翻白眼邊嘆了口氣，抓起她的購物袋就氣急敗壞地朝車廂另一端走去。她的覺知進入了心智的挫折區。

一位年輕人隨著耳機裡震耳欲聾的音樂搖頭晃腦，見到眼前這一幕似乎感到有趣。他的覺知轉移到了幽默區，他沒有打算離開，大概是想著接下來有好戲看了。

此時，坐在我對面的男子大聲喊道：「老天，吵夠了沒！」他從座位上跳起來，眼睛在車廂裡來回梭巡，然後走往車廂間的連接處，準備移動到另一節車廂。他受夠了這對夫婦的爭吵，不耐煩使他出現生理反應，想要從他們身邊離開。

我身旁的老婦人則帶著極度失望的表情轉身對我說：「不能這樣對人說話，尤其是你的太太。他對她一點都不尊重，真是個糟糕的人。」她允許自己的覺知離開她正在做的事，沉浸在眼前的爭吵中。結果是她處在跟那對夫婦一樣的心智區域，允許自己的覺知被吸入眼前這一幕，情緒因而大受干擾。

不久，多數乘客都因這對夫婦的爭執而有了反應。有人喃喃自語地表達不滿，也有人對這場爭執感到不安。如同我身旁的那位老太太，他們讓自己的覺知進入這對夫婦所處的煩躁、憤怒區域，也跟著一起心煩意亂。

這種生活方式令人精疲力竭。當你無法控制自己的覺知，心境就會受到周圍一切人和事的支配，從高興的情緒一下子就轉為憤怒。

地鐵車廂裡也許有更睿智的人、更成熟的靈魂，他對自己的覺知有強大的掌控力，使他能單純地觀察這對夫婦的爭吵，而不讓自己的覺知處於相同的心智區域。他能讓覺知保持在原本的心智角落，從那裡看著這兩人爭吵——這是觀察，我們稍後將對此進行更多討論。

有誰能想到，地鐵也是一個研究心智的生活課堂？

當你允許自己的覺知與外在經歷相互糾纏，就是允許自己被隨之而來的情緒給牽動，不論高興或痛苦。這就是為什麼有意識地掌控覺知在心智中的去向如此重要，因為它帶給你自由、決策權，讓你決定是否要參與某件事。有了這個選擇權，你就能選擇如何做出反應。

倘若發生的是有趣的事，我可能會選擇讓覺知參與其中，使自己產生快樂的反應。若是不愉快的事，我會選擇不讓覺知參與，不去造成情緒上的不安反應。只有在你對覺知擁有足夠的掌控力時，你才能有這種選擇權。

世界是覺知的遊樂園，儘管不是所有遊樂設施都令人滿意。對無法控制覺知的人來說，他們就像坐上雲霄飛車穿過無數高坡和低谷。每日在這類極端情緒間穿梭，會使人疲於奔命、神經系統衰弱、消耗大量能量。

駕馭並專注掌控覺知在心智中的去向，在你追求人生目標的過程中至關緊要。

在心智中移動覺知

闡述完覺知和心智運作的理論，並分享兩者在現實世界中運作的例子後。接下來，我們要體驗理論的實際應用。我相信化理論為實踐，並親身驗證它們是否有效非常重要。

為了進行這個練習，我需要你坐在椅子或地板上。如果你選擇椅子，請找一把堅固的椅子；如果你選擇地板，可以直接坐下或是放個小坐墊，確保自己感到舒適。如此一來，你才不會練習期間，被任何不適給分散注意力。

舒服地坐定後，現在把注意力轉向姿勢。請保持脊椎挺直，頭擺正並保持平衡，不向兩邊或前後偏斜，放鬆下巴，嘴脣合攏，但讓下排牙齒與上排牙齒略略分開。

慢慢深吸一口氣，然後吐氣，按照你自己的步調來做。

再慢慢深吸一口氣，再慢慢吐出。總共深呼吸五次。正常情況下，我會請你閉上眼睛，並指導你完成練習，但因為你需要閱讀本文。所以我們將採取以下方法。

請讀完下面這段話，然後閉上眼睛，花一兩分鐘練習內容：

閉上你的眼睛。去意識到你現在所處的這個房間，先從感受身體開始，接著感受你所坐的椅子或地板，感受你放在地上的腳或腿。然後意識到你的皮膚，你是否感到冷或熱，房間的溫度是否恰到好處？把你的意識擴展到身體之外。房間裡有任何噪音嗎？是否有其他噪音來自房間外面？你能聞到房間裡的任何氣味嗎？

閉上眼睛，花一兩分鐘時間意識到房間裡的一切。完成這些步驟後，慢慢睜開眼睛，接著閱讀下一道指令。請讀完接下來的內容，然後閉上眼睛，花三分鐘練習內容。

我要你試著回憶最近參加的一場婚禮，並且盡可能詳細回想。以下有些引導你的問題：

- 那是誰的婚禮？
- 你是自己去的嗎？
- 你是和配偶一起去，還是和家人一起？
- 你是否記得那天穿了什麼衣服？
- 你為那對結婚的新人感到高興嗎？
- 你是否記得新娘穿的婚紗？
- 她挑選的婚紗適合她嗎？
- 喜宴上的餐點如何？
- 他們是否有供酒？如果有，你是否喝了很多？
- 婚禮的音樂和舞蹈如何？

◆ 你在舞池中跳舞了嗎？你在婚禮上玩得開心嗎？

盡可能回想這場婚禮的所有細節，我在這裡提出的問題只是要引導你進行這個練習。閉上眼睛，花三分鐘練習。如果你在任何時候發現自己的覺知偏離，請輕輕地、充滿愛意地，把它拉回到剛剛這場婚禮的回憶中。

現在，你已經完成了對婚禮的回憶。請讀完接下來的內容，閉上眼睛，花三分鐘練習內容。我要你回憶最近一次的假期。如果你最近有去海外度假，那就先選擇海外假期來練習，再選擇國內假期。

◆ 那是哪種類型的假期？瑜伽靜修？衝浪？滑雪？露營或公路旅行？
◆ 你去了哪裡？
◆ 你去的地方天氣如何？熱嗎？冷嗎？潮溼？有雨？乾燥？
◆ 食物如何？辣嗎？還是清淡？
◆ 這些食物是否令你水土不服？

◆如果你分別去了幾個不同地方，你是否對其中某個地方印象深刻？

◆你有沒有購物？最喜歡自己買的哪樣東西？

◆你是否嘗試很多活動？盡可能想出更多關於這個假期的細節。

現在，閉上眼睛，練習三分鐘。如果你在任何時候發現自己的覺知偏離，請輕輕地、充滿愛意地，把它拉回到這段假期的回憶中。

當你完成對假期的回憶，練習的最後一個步驟，我希望你讀完下面這段文字。接著閉上眼睛，花一兩分鐘練習內容。

現在，讓意識回到你的姿勢。

◆你的脊椎是否仍然筆直？

◆你的頭部是否仍然保持平衡不偏移？

◆你的身體是否仍感到舒適？

◆現在去意識到房間裡的溫度。它是溫暖的、寒冷的，還是恰到好處？

◆把你的意識擴展到身體之外，開始意識你周圍的房間。

◆房間裡外是否有任何噪音？

現在，閉上眼睛，把你的覺知保持在這個房間裡，並盡可能在接下來的一兩分鐘裡意識周圍環境。

當你睜開眼睛，注意力回到書本時，請給自己一些時間適應周圍環境。回顧一下剛才所做的練習。首先，你意識到自己所處的房間。你這麼做時，對周圍環境會變得更敏銳。這時你的覺知是在本能意識中，覺察著周圍的環境。

接著，你的覺知展開了從本能意識到潛意識的旅程。那裡有著關於婚禮的記憶，當覺知抵達對婚禮的記憶，你會開始意識到那段體驗。你越能將覺知保持在這個心智區域，就越能回憶相關細節，其中蘊含的情緒體驗將開始浮現。有些令你微笑，有些令你捧腹大笑，甚至再度流下幸福的眼淚。隨著覺知在這個區域徘徊，你也因此重溫了整場婚禮。

在我要求你前往潛意識尋找這段特定記憶之前，你壓根不會去回想這場婚禮。當你的覺知沉浸於婚禮的體驗，你將不再意識到自己所處的房間、房間裡的溫度、你的姿勢等，因為你的覺知已經不在房間裡。

你的覺知在心智中的哪個地方，你就會開始意識到那個地方。

然後，你的覺知再從保存著婚禮記憶的潛意識區域，來到存放度假記憶的潛意識區域。當覺知到達這個新位置，你便開始意識到當時的那場假期，相關細節進入意識。於是，各種回憶與情緒湧上心頭。你開始重溫那次假期。

當覺知牢牢固定在這裡，你便不再意識到房間或婚禮的記憶。最後，你睜開雙眼，把目光轉向書本，想知道「下一步是什麼」？下一步是要你把覺知轉回所處的房間。當你閉上眼這麼做，你又會開始意識到房間裡的所有相關細節。

突然間，你會意識到自己的脊椎不再挺直，頭也歪向一邊。你因此端正姿勢，並開始意識到溫度、噪音等。當覺知重新轉回這個心智區域，你就不會再意識到婚禮或假期。你的心智也不再出現這兩者的相關記憶，因為覺知此時正牢牢固定在你的周圍環境上。

最後，你睜開眼睛，調整自己適應周圍的環境。

你遵循我的指示，將覺知從房間移到心智中的婚禮區，再移往假期區，最後再回到房間。你運用意志力移動覺知，再以恆定力讓覺知留在每個區域一段時間。

我們在這裡做個總結。這個練習的目的是為了讓你親自體驗並證明覺知和心智的基本原則。為了加深印象，我將結論條列如下：

1. 覺知會移動，心智不會。

你可以把覺知帶往心智的不同區域，這表示覺知可以在心智內部移動，但心智本身並不移動。

2. 覺知和心智是兩種截然不同的東西。

你能在心智中移動覺知，表示覺知和心智不是同一回事。它們不會一起移動，而是其中一個在另一個裡面旅行；覺知和心智截然不同。

3. 你不是心智。

你不是心智，你是純覺知，在心智的各個區域之間遊走。無論去到哪個心智區域，你就會體驗到那個區域的一切。覺知在心智的什麼地方，你就會意識到那個地方。

喚起覺知的注意

現在，你已經瞭解了覺知和心智是兩種截然不同的東西，而你是在心智不同區域之間移動的純覺知。下一步就是掌控覺知的去向。

掌控覺知去向的第一步，是喚起覺知的注意。

我們可以在字典中，找到「喚起注意」的定義：**引導人去聽、去看、去理解的行為；讓人將注意力放在其上。**我們可以把這個定義應用於「覺知」。喚起覺知的注意是指，**讓覺知擁有自知的能力**，正如我的上師所說：「讓覺知覺察到自己」。

舉例來說，友人坐在你的沙發上看電影。她裹著毯子窩在沙發一角，而毯子上掉了一堆餅乾屑，但她的覺知完全沉浸在電影當中，不理會周圍發生的一切。

為了引起她的關注，你必須喚起她覺知的注意。要做到這一點，必須把她的覺知從關注的事物（電影）中抽離出來。讓她把覺知轉移到你身上。

有很多方法可以達到這效果：你可以關掉電視、扔個墊子砸她的頭，或者叫喚她的名字。假設你決定叫她的名字，你大喊一聲：「阿米拉！」聽到自己的名字，她的覺知會從電影情節中抽離出來，轉頭來看你——你便引起了她的覺知關注。

一旦引起她的覺知關注，你便可以選擇把它移動到你想要它去的地方（如果她允許的話）。接續這個例子，既然已經引起她的注意了，不妨把她的覺知引導至她的酒杯，說：「妳的酒杯空了，想再來一杯嗎？」阿米拉低頭看了一眼杯子，再抬頭望向你，說：「那真是太好了。」接著她將覺知重新移回螢幕，因為她相信你會替她斟滿酒杯。

為了讓阿米拉意識到你的存在，首先你必須喚起她的覺知注意。如此一來，你就可以把它引導到你希望它前往的地方。許多父母每天都會和孩子經歷類似的情況。現在，你知道這是怎樣的情形了吧。還記得〈正確使用術語〉那一節嗎？當你在一天中第N遍想喚起孩子的注意時，請在心裡使用「喚起覺知注意」這個術語來描述你的行為。使用正確的術語，可以訓練潛意識瞭解覺知和心智運作的方式。

我女兒三歲時，看電視總是離電視機很近，為了讓她遠離電視機，我的第一步是把她的覺知從正在觀看的節目移開。我經常叫她的名字，讓她轉頭來看我。下一步則是重新引導她的覺知轉移到我想讓它去的地方。

「能不能請妳回到沙發上？」我懇求她，同時思索著要如何在電視周圍築起一道護城河。

聽到我的請求，她會把視線轉移到沙發上，接著跳上沙發。然後，她的覺知會重新被吸回螢幕，電視強大的引力彷彿足以吸引任何行星。

上面的例子是關於如何喚起某人覺知的注意。你也可以對自己這樣做，讓覺知擁有自我覺知的能力。

當你的覺知開始偏離它應該關注的事物時，就必須喚起它的注意，再用意志力把覺知帶往需要專注的事物上。我們將在後續章節學習培養意志力的方法。

要如何喚起自我覺知的注意？要喚起覺知注意，你的覺知必須擁有自我覺知的能力，而這正是我們下一節所要談論的內容。

抽離覺知

要喚起覺知的注意，就要將覺知從它所感知的事物中抽離。接下來，我們要深入探究這一關鍵部分。

在〈覺知在日常中的運作〉中，我以電影為例，說明了導演如何把你的覺知從心智的一個區域帶到另一個區域。你是否注意過，如果電影拍得精彩，你的覺知會深受劇情吸引，以至於意識不到周圍環境？你完全沉浸其中，任由電影情節在導演的安排下，帶著你做出反應。

這一刻，覺知完全沉浸在它所感知的事物中，**覺知和它所感知的事物成為一體**。

這裡的重點是：**覺知可以處於兩種狀態。一是，覺知可以感知到它所觀察的事物；二是，覺知可以沉浸在它所觀察的事物中。**

以前面的紐約地鐵事件為例來說明第一種狀態。車廂裡的一對夫婦發生爭吵，因而喚起我的覺知注意。我可以選擇成為單純的觀察者，或者讓覺知沉浸在爭執中。當時的我選擇把覺知留在自己身邊，而不是讓它去找那對夫婦，參與其爭吵中的情緒起伏。

在上述情況中，覺知感知到了它所觀察的事物。而理想情況是：覺知感知到它所觀察的事物，並具有能力選擇是否沉浸其中。

再舉看電影為例來探討第二種狀態。覺知可以成為一個觀察者，觀察到銀幕上正放映著電影，然後決定是否沉浸其中。通常覺知會沉浸在電影裡，這點再正常不過，因為這是你花錢進戲院的原因。這便是，覺知沉浸在它所觀察的事物中。

從上述兩個例子可以得出結論：覺知可以覺察到它正在觀察的事物，也可以沉浸在它所觀察的事物中。這是你獨有的權利，只屬於你，儘管未必是容易的選擇。這一點非常重要，我希望你花點時間來思考。

回到第二種狀態：覺知沉浸在它所觀察的事物中。藉由喚起覺知的注意，我們可以將覺知從它所觀察或沉浸的事物中抽離。而這正是學習專注、培養恆定力的第一個步驟。

以戲院的例子來說明，就是把覺知從它所沉浸的電影中分開，如此一來覺知和電影就不再是一體。要做到這一點，你需要①喚起覺知的注意，②把覺知從銀幕拉回到你身上。

以下的練習，可以在下次看電影時做做看。

坐在戲院裡看電影時，請低頭看看你的腳。動動你的腳趾頭，花幾秒鐘看著自己這樣做。這樣可以將你的覺知帶到你的腳趾上，把它從剛剛沉浸的電影抽離。

接著，請把你的覺知從腳趾轉回電影銀幕，但先不要讓覺知沉浸在電影情節中，而是從你的所在之處觀察這部電影，把電影單純看成是投射在白色大銀幕上的光。如果覺得困難，有個方法可以幫你做到這點：你可以轉身去看放映機的光線，讓目光沿著這束光回到銀幕，然後告訴自己，這不過是投影在銀幕上的光。

如果能做到這一點，便是成功將覺知與它所感知的事物分開了。**現在你學會了觀察的藝術，讓覺知保持在自己身邊，不讓它沉浸於眼前的事物中。**

當覺知離開你並回到銀幕，就會再次被吸引到電影中，你就會開始隨著情節做出反應。當此情況發生，就表示你和你所觀看的事物融為一體。出現有趣的場景，你就隨之發笑；出現悲傷的場景，你就隨之落淚。你的覺知再度返回電影，在導演的安排下，從心智的一個區域跳往另一個區域。

如果你能再次喚起覺知的注意，將覺知與它所感知的事物分開（把覺知從電影中抽離），你就成為了觀察者，讓覺知觀察著銀幕上的演出，但不沉浸其中。

這是個十分有趣的遊戲——讓你的覺知沉浸在電影中，體驗情節帶給你的情緒刺激，然後有意識地拉回覺知，抽離情緒，成為一名觀察者。

透過這樣的練習，你便漸漸能掌控覺知的去向，把覺知從它沉浸的任何事物中抽離。雖然我們舉的例子是看電影，但在日常生活中同樣適用。如果你和某人說話時，發現他的覺知正在前往心智的負面區，也把你的覺知帶往那裡。這時就可以喚起自己覺知的注意，把你的覺知與他的覺知分開，拉回到你希望它前往的心智區域。否則你的覺知就會跟隨他的覺知來到心智的負面區，體驗負面情緒。

如果你回到電影院觀察其他觀眾，你會發現，沉浸在電影中的他們，會忘了周遭一切。他們的情緒隨著每個場景起伏，因為他們允許覺知和電影融為一體。這顯示導演掌控了觀眾的覺知，把他們帶到電影的旅程中，讓他們體驗其中提供的一切，而這顯然是觀眾花錢看電影的用意。

再以紐約地鐵事件為例。從那些對爭執事件做出情緒化反應的乘客身上，我們可以得知，他們對自己的覺知沒有足夠的掌控力。那對夫妻的高音量引起他們的覺知注意，使其與原本專注的事物分開。此時他們可以選擇將覺知拉回先前專注的事物上，或是沉浸在這對夫妻的爭執中。但多數人對覺知的掌控力不夠，所以允許覺知被拉入與這對夫妻相同的心智區域。

上面的例子分成兩種。其中一種是外力導致覺知沉浸在它所感知的事物中。另一種是你成為觀察者，將覺知從其感知的事物中抽離。

學會將覺知從其感知的事物中抽離是一門藝術，你應該努力學習掌握。

覺知抽離練習

試著把在戲院裡做的練習帶到家中。這個週末放一部你喜歡的電影，在看電影時，練習將覺知從中抽離。以下是練習方法：

看電影時，把覺知從螢幕轉移到你的腳，動動腳趾頭，看著自己這樣做，讓覺知從螢幕轉移到你的腳趾頭，動動腳趾大約七秒鐘。

現在，把你的覺知從腳趾移回螢幕，但這次不要讓覺知沉浸在電影情節中，而是從你在沙發上的位置觀察電影，把它看作螢幕上的光線。將覺知帶回腳趾，動動腳趾幾秒鐘，讓覺知回到你的腳。再讓覺知移回電影，讓它沉浸在電影中，你可以在接下來的幾分鐘任由覺知真正地享受電影內容。

然後，再次喚起覺知的注意。讓覺知從電影中抽離，回到你身邊。

請重複這個過程，你越常練習，就越能掌握個中訣竅。多練習幾次，你很快就能體驗到將覺知從感知事物中抽離的藝術。如果能成功抽離，你就可以坐下來好好觀察該事物。反之，如果覺知沉浸其中，就無法做好觀察。

觀察是指覺知意識到它所感知的事物。如果你想成為一名觀察者，或瞭解何謂觀察，現在的你應該知道怎麼做了。觀察是一種將覺知從其感知到的事物中抽離的能力，感知體驗而不沉浸其中。然而，如果不先瞭解覺知與心智如何運作，便無法學會觀察。

覺知的自我覺察

覺知要從其感知到的事物中抽離，就要先覺察到自己。要做到這一點，就必須擁有觀察力。觀察力是從專注狀態延伸出來的副產品，我們會在後續章節深入探討觀察力與恆定力。只有在覺知發展出足夠的觀察力時，它才能覺察到自己。覺知一旦覺察到自己，就能喚起自己的注意，讓自己注意到自己，然後就能把自己重新導向它想去的地方。

成為觀察者之前，你必須先學會專注與恆定力。越能成為觀察者，你的覺知才越能覺察到自己，越能從其感知到或沉浸的事物中抽離。

如果無法有效集中注意力，就無法擁有良好的觀察力。覺知若從它應該關注的事物上移開，會需要一段時間才能重新覺察到自己（自我覺察），並意會到自己正在分心。舉例來說，有個人用筆電工作，突然他想起自己最喜歡的球隊在當天稍早有比賽，於是他立刻上網查詢比賽分數，因為發現球隊大勝對手，所以他想看看有沒有精彩賽況的片段，又去 YouTube 搜尋。看完賽事片段後，他又點了推薦的連結繼續看影片。三十分鐘後，他觀察到自己怎麼一直在看影片。當他的覺知覺察到自己，或者說他自己發現到這一點後，他便將覺知從影片移開，回到工作。

缺乏專注使他無法成為觀察者，也導致他需要花上更長的時間，才能讓覺知覺察到自己。這段期間，他浪費了時間和精力，生產力急劇下降，而YouTube 的廣告收益增加。許多人便是利用現代人難以專注的狀態從中獲益。當你學會專注，成為恆定力的高手時，你的覺知就更能覺察到自己的存在。

成為覺知的管家

前面的章節中，我們以兩種情況來探討覺知如何在心智中移動。

第一種情況，某人或某事將你的覺知從心智的一個區域轉移到另一個區域，比如看電影、差點遇上車禍的普麗婭以及地鐵夫妻吵架事件。在這些例子中，外力決定了覺知在心智中的旅程。

第二種情況，你主動選擇覺知在心智中的去向。在我們做的練習中，覺知可以從你現在所處的房間被移到婚禮、假期的回憶，最後再回到房間。儘管你是在我的引導下練習，但你仍是在有意識的情況下，選擇覺知在心智中的去向。

簡單來說，**覺知受到兩種力量的控制：你和環境**。請記住，我把環境定義為你周圍的人和事，這兩種力量在某個時刻決定了覺知在心智中行進的方向。對你來說，理想狀態就是學會掌控覺知的去向。

當你能支配覺知在心智中的去向，便能有意識地掌握覺知。

多數人允許所處環境驅動覺知在心智中的去向。周圍的人事可以把他們的覺知帶到令人振奮或情緒低落的區域。當你把對覺知的掌控權交給環境，就是將你的體驗、對心境的掌握也交了出去。

這還不是你唯一交出的東西。與此同時，你也將能量投注在哪裡的決定權交了出去。因為當你讓環境決定覺知的去向，環境便會支配能量的流向，最後在生活中顯化出來。

絕大多數的人無法在生活中創造想要的東西，因為他們很難控制覺知每天的去向。他們的能量流向受環境決定，於是，覺知一天下來都在橫衝直撞，無法在生活中顯化出他們想要的樣子。現今社會中，人們的覺知受到社群媒體與科技的影響，有限的能量被四處分散，而非專注在少數特定的事物上。結果是，他們的目標無法顯化在現實生活中，他們感到挫折、灰心喪志。而持續的挫折感又會削弱意志，最終導致希望破滅。

有意識地掌控覺知是我必須教導給每個人的技能。它是有效自我管理、活出人生真正價值的基本要件。如果你想教導孩子認識心智，就要教他們理解覺知和心智的運作，這比教他們打坐更有力——如果不瞭解心智的內部運作，又如何能有效地冥想？

現在，你知道了掌控覺知的重要性，問問自己，是誰或什麼控制了你覺知的去向？是你？還是周圍的人和事？一天中由周圍環境控制、而不是由你控制覺知的比例有多少？

你必須做出選擇。這個選擇是你的，是你一個人的。**如果你決定要掌管覺知，那麼現在就下定決心，成為覺知的主人，決定覺知在心智中的去向。**今天就下定決心，你就會不遺餘力地朝這個方向前進，讓覺知處於意志的支配下，即使這個努力可能要花費數年。

如果你真心想要，那你就能成功，你只需要下定決心，從今天開始，使用意志力和恆定力引導覺知在心智中的去向。你很可能要費一番功夫，也很可能遭遇失敗，但這些都是旅程的一部分，不去嘗試才是真正的失敗。所以，永遠不要放棄，也不要失去希望！

在此引用古魯德瓦的名言：「努力與心搏鬥，試圖集中心志，嘗試冥想、嘗試變得安詳平和、嘗試放鬆的人。請繼續努力。你所做的每一個積極的努力，都絕不會徒勞。」

每天早上起床及傍晚入睡前，都要對自己信心喊話：「我是自己覺知的管家！」

第三部

心智之翼

第 6 章

恆定力

別對我用藥

因為理解覺知和心智如何在生活中運作非常重要，我希望自己可以說明清楚。那就像鋪設一條關鍵道路，讓我們學習如何駕馭並引導覺知。

恆定力和意志力是覺知在心智旅程中的翅膀。對那些已經發展出這雙翅膀的人來說，心智中沒有覺知不能前往的地方。

讓我們先從學習恆定力談起，這是生活中可以培養的最佳特質之一，它將幫助你掌握覺知在心智中的去向。有些人天生就有絕佳恆定力，有些人則確實歷經一番掙扎，而這兩者間是一連串與集中注意力相關的問題，且這些問題存在已久。

不幸的是，這並不是多數人在成長過程中學習的技能，儘管絕大多數人都曾被告知要集中注意力。

多年來，我在世界各地以「恆定力」為主題進行演講，也曾針對這個主題進行過簡單的調查，我向聽眾提出兩個問題：

1. **有人教過你如何集中注意力嗎？**
2. **在你就學期間，是否有過像數學、自然、歷史那樣的課程，教你如何專注？**

聽過這兩個問題的聽眾數以千計，但沒有人給過我肯定的答覆。

我接著問：「那麼，是不是常有人要你專注？」我得到的答案都是肯定的，他們還會說：「是的！」

為何沒有教導，只有訓誡

我認為多數人無法集中注意力有兩個主要原因。首先，沒有人教過他們如何集中注意力。如果從來沒人教過你，你要從何做起？再來，他們缺乏練習，沒有練習，你要如何期待自己做好這件事？如果從來沒人教過你如何專注，你自然就不會去練習專注。

我們總是被告誡要專注，卻從來沒有人教過我們怎麼做。公司的主管或老闆可能會說：「這個專案十天後要完成，我需要大家專注在這上面！」球隊教練也常說：「還剩三分鐘時間，現在我們落後五分，我需要你們回到場上時都要全心專注。」

孩子們更是經常被要求要集中注意力，我們常聽到父母說：「你能不能專心點？」我的童年甚至青少年時期就常被告誡要專心。大人常對我說：「丹達帕尼，專心做你的功課！丹達帕尼，專心吃你的飯！」人們叫我要專注，卻從來沒有人教我怎麼做，這不是很奇怪嗎？

在學校裡，我和許多同學也被反覆告誡要專心。在過去守舊的教育方式下，我們只要分心就會被老師擰耳朵或拿藤條伺候。這些體罰在現代孩子耳中聽來可能有些野蠻，但比起今日的做法，我寧可接受體罰。

上帝保佑，如果我晚個三十年出生在美國，肯定會被診斷為有心智問題，並被貼上標籤，飽受藥物折磨。有句古老諺語也許應該改為：「孩子不吃藥不行」[1]。

體罰在我腿上留下的痕跡是暫時的，那種身體傷害僅此而已，但在情緒上，它反而使我對暴力採取零容忍的態度。然而，現今世界各地都對注意力不易集中的兒童開出藥物處方，這對孩童精神和身體上的戕害比體罰還大得多，影響時間也更長，而且結果仍不得而知。

注意力缺失過動症（ADHD）被認為是影響兒童和成人最常見的精神疾病

1. 原諺語為：Spare the rod and spoil the child。意即中文說的「孩子不打不成器」。

之一。美國疾病控制和預防中心（CDC）指出，ADHD藥物可能導致的副作用有食欲不振、胃痛、易怒、睡眠問題和生長緩慢等。英國國民保健署（NHS）在其網站上也列出了受核准的ADHD藥物常見的副作用，包括血壓和心率上升、食欲不振、睡眠問題、頭痛、情緒波動、腹瀉、噁心和嘔吐、煩躁和攻擊性等，其實不止於此，但全寫出來恐怕會占去本書過多篇幅。

CDC網站指出，美國醫療衛生提供者是以美國精神病學協會出版的《精神疾病診斷與統計手冊》（第五版）（*DSM-5*）為準則來協助診斷ADHD，其診斷標準是辨識人是否「持續表現出注意力不集中和或過動——衝動模式，干擾其功能或發展。」

的確，孩童很可能出現過動和衝動的行為。他們精力旺盛，需要找地方發洩，如果沒有管道和出口可以宣洩，就會變得過動或衝動。如果我們能教他們理解什麼是能量，如何感受它、利用它，並把它引導至他們所熱衷的事情上，極可能會有幫助，不是嗎？

如果一個運動員賺進數百萬美元，卻不知如何理財，就容易在職業生涯結束時破產。財務管理不當就和能量管理不善是一樣的，如果我們從沒學過如何管理它們，還能期待什麼好結果？

父母本身如果無法專注，就無法成為一名觀察者，若無法成為觀察者，又如何能觀察到孩子對什麼有熱情，並幫助孩子把能量轉移到那裡呢？有意識地使用能量，才不會導致能量的誤用。父母也要多認識能量，才能教孩子如何正確駕馭和引導能量。

ADHD的另一個症狀是注意力不集中。依DSM-5列出的症狀，ADHD患者容易分心，難以對任務或所從事活動保持注意力。

曾有一名父親告訴我，他的孩子被診斷出過動症，讓他非常擔心。「我很遺憾聽到這個消息。」我回答，「我不是醫學專家，也不瞭解過動症，但你能否告訴我，孩子的主要問題是什麼？」

他滿臉愁容地說：「孩子很容易分心，他在學校和家裡都有注意力不集中的問題。基本上就是無法專心，醫生也因此診斷他患有過動症。現在他正在接受藥物治療，而我不太信任這種方法，他只有六歲啊。」

「這個問題的確棘手，但有沒有人教過你的孩子如何專注？」

「沒有。」他表情疑惑地回答。

「很有意思。你的孩子會彈鋼琴嗎？」

「他不會。」

「如果我們要他彈鋼琴，但他不會，於是我們帶他去看醫生，醫生診斷出他罹患了PPD（鋼琴彈奏障礙），並開藥讓他服用。這不是很離譜的事嗎？」

「的確。我明白你的意思。」

「我們不會因為某人不會彈鋼琴而開藥給他。如果他不會彈琴怎麼辦？我們會訓練他如何彈琴。如果我們不教孩子專注，不幫助他們練習集中注意力，又怎能指望他們自己做到專注？」

孩子被診斷出注意力不集中，不過是說明他沒法專注在一件事上，或保持一段時間的專注。應該如何處理這個問題呢？藥物是一種選擇，另一個選擇則是教他們如何集中注意力，幫助他們練習專注。既然注意力不集中是指無法在一定時間內將覺知保持在一件事情上，難道我們不能訓練他們做到這點？如果幾年後，他們仍無法集中注意力，再來接受藥物治療也不遲。

在沒有指導和訓練的情況下，就讓孩子接受藥物治療既不公平，也不道德。同樣地，我們也必須教導和訓練他們管理、運用以及引導能量。

我們不能因為某人做不到他從未被教過的事，就讓他服用藥物！

我相信有些成人和兒童的生理狀況，確實會讓他們難以集中注意力，他們也許可以從藥物治療中受益。我並不是完全否定藥物治療，但我真心相信，大多數人無法集中注意力是因為沒有人教過他們怎麼做，也缺乏練習。即便是那些因為生理障礙而無法專注的人，只要有耐心、毅力，一樣可以變得比現在更容易集中注意力。

如果我想彈鋼琴，我要做的第一件事就是學習怎麼彈，理想做法是找人教我。我可以選擇在一年內每週上一次課，這樣至少能讓我瞭解彈鋼琴的基本技巧吧。但光是上課還不夠，還得花時間練習。因此下一個問題來了：「要練習多久」？答案是另一個問題：「我想成為多優秀的鋼琴家？」

如果我只想為家人、朋友演奏，那麼也許每週練習一小時就夠了。但是如果想成為舉世聞名的鋼琴家，在全球最負盛名的音樂廳演奏，每週一小時的練習自然不夠，也許要每天練習五個小時以上。

集中注意力也是一樣。如果想要過擁有恆定力的專注生活，首先，必須學會專注，然後練習專注。需要做多少練習，取決於我想要多專注而定。還記得「練習律」（Law of Practice）嗎？越常練習，你就會越擅長某件事。如果你真的想成為專注的好手，那就要像想成為舉世聞名的鋼琴家那樣練習。

若我出生在另一個時代，我很可能會因為擁有人們所說的症狀，而被貼上過動的標籤。現在，我卻在世界各地教導人們如何專注，不論兒童、成人、各行各業，其中有些人還是成功的企業家和運動員，他們透過深入瞭解自己的心智和提高恆定力，明顯提高了自己的表現。

在我人生的前二十四年，我從未接受過任何恆定力的相關訓練。直到遇到我的上師，我才發現有人竟願意無私地投入時間和精力，訓練我瞭解專注的藝術。分享這些只是想告訴你，不論任何年齡都能學習專注與恆定力，只要你想學習這門藝術永遠不嫌晚，希望這是對你的鼓勵。你所需要的，只是保持想過專注生活的欲望，並全心全意去達到。通往恆定力的專注生活的所需工具和道路，都能在本書中找到。

定義專注

在政治、戰爭、貿易中，簡言之，在人類的一切事務中，專注是產生力量的祕密。

——拉爾夫・沃爾多・愛默生（*RALPH WALDO EMERSON*）

我會先定義專注，再說明它的實踐方式，這麼做有助於我們建立方便理解與使用的共享詞彙。請記住，「專注」和「恆定力」是同義詞，我會交替使用。以下的定義適用於這兩個詞。

我將專注定義為**將覺知保持在一件事情上，直到你有意識地選擇將其轉移到其他事情上的能力。**

這個定義中有幾個部分必須理解清楚，有些容易誤解之處必須先澄清。

如果我能讓我的覺知（心智中的發光球體）在一段時間內持續保持在一件事、一個人上，或是心智的某個區域，直到我選擇把它移到下一個焦點，這便是專注。倘若我允許覺知以一種不受控的方式，從一件事移動到另一件事，那我就不在專注的狀態。

除此之外，專注還取決於你是不是能有意識地選擇將覺知從一個心智區域轉移到另一個區域。請允許我進一步說明。

保持覺知在一件事情上的時間越長，我就越能集中專注力，不會將覺知轉移到其他事情上。如果在我與出版經紀人交談的三十分鐘裡，我的覺知能完全集中在她身上，那就是做到了專注。這說明我的恆定力水平很高，能將覺知保持在她身上一段時間。

專注的另一個面向是轉移覺知的能力。假設我能將覺知保持在A上一段時間，我就做到了專注。然後，我有意識地將覺知轉移到B並專注在B上面。五秒鐘後，我再有意識地轉移到C，並在C保持一段時間，那我仍然是專注的。

你必須瞭解，重點不僅在於專注的時間長短，更重要的是**你能否有意識地選擇將覺知從一件事移到另一件事上**，這才是關鍵。當你有意識地選擇將覺知從A轉移到B再轉移到C，這都是專注的狀態。在每件事上花費的時間，只是證明你在個別事物上專注多久。

繼續分享一個故事來說明。幾年前，我曾與一群護理師談話，其中一人說，由於她得在短時間內完成大量工作，所以她很難在工作中集中注意力。她說：「我在五分鐘裡有多達二十項待辦工作，有時甚至更多。我感覺自己無所適從，做什麼都無法專心。」

我請她描述在那五分鐘的時間分配：「妳在第一分鐘裡都做了什麼？」

她說：「我在重症病房工作，有很多重要工作要做。如果病患在房裡，我可能會用酒精棉消毒他的手臂準備打針，這要花幾秒鐘。接著我得準備針劑的精確藥量，小心翼翼地替病患注射。注射完後還得清理，確保針頭與針筒有被妥善處理。最後，我要檢查病患的脈搏和其他生命徵象，並記錄下來。」

「容我在這裡打斷，」我說，「妳在執行每項工作時，都得全神貫注。我這個假設是否正確？」

「是的，很正確。」

「妳認為自己無法專注，那是因為妳不清楚專注的定義。我的感覺是，妳認為必須長時間、不分心地做一項工作才叫專注。妳的想法沒有錯，但這並不是專注的唯一定義。」

我繼續說：「我認為妳在執行每項任務時，妳都很全神貫注。完成特定的工作後，妳有意識地將覺知轉移到下一項工作。而執行新工作時，妳也完全專注在這個工作上。妳能有意識地將自己的覺知從一件事轉移到另一件事上，並依情況需要保持一段時間，這告訴我，妳是一個高度專注的人。儘管妳的覺知在每項工作上只停留幾秒鐘，但這不重要。關鍵在於妳做每一項工作時都能讓覺知完全專注在那上面，接著才有意識地轉移到下一項工作。」

她看著我說：「聽你這麼說，讓我的心情放鬆不少。我從來沒有以這種方式看待過專注。之前，我總覺得自己無法集中注意力，但現在我對專注有了更清楚的理解，你的說明讓我豁然開朗。」

儘管這位護理師得在五分鐘內完成多項任務，但她專注於每項工作，並且在完成一項任務後，有意識地將注意力轉移到下一項任務。這都符合擁有良好恆定力的定義。許多人像她一樣，認為這是一心多用，但其實不是。相反地，她每次都是專注地完成一項任務。

在世界的另一個角落，一位長年冥想者正在花十分鐘靜坐。在這段期間，她將覺知一直保持在脊椎上。表面上看來，這兩人真的有些不同，然而護理師和冥想者都處在專注狀態。他們都在一段時間內把自己的覺知專注在各自的任務上。任務完成後，他們也都有意識地將覺知轉移到下一項任務。

專注是指能掌控自己的覺知。這正是專注的定義，你有這個能力，便能將覺知保持在一件事上，直到你有意識地選擇把它轉移到其他事。

分心猶如精神瘟疫

多數人都是注意力分散的專家，所以我們得來討論這個主題：對付分心，我們不但要瞭解它，而且還要充分瞭解，才懂得如何駕馭它。

分心是專注的對立面，無聲的精神瘟疫。它襲捲全世界，不知不覺地滲透到老老少少的生活中。一旦進駐人們的心智，它就以驚人的速度成長。分心的輪軸開始轉動，越滾越大，不久便成了心智的主宰，其惡性循環占據了生活各方面，充滿了破壞性，能澈底摧毀關係、願景、努力以及各種有益於生活的價值。

可悲的是，由於注意力分散，心智無法長久專注地反思並做出修正。也就是說，分心的後果是毀滅性的，會產生恐懼、擔憂、焦慮、精神壓力、無所適從、優柔寡斷、身心不堪負荷等問題，對心智造成破壞，使其疲憊不堪，並削弱靈魂的意志。

我確信多數人都未意識到心不在焉的破壞性後果，否則絕對會尋求解決辦法來保護自己。而這個解藥——破壞性疾病的完美疫苗，便是專注。

先從分心的定義開始。分心是指沒有獲得我的批准，覺知就被任何外在或內在力量控制。

前面舉過看電影的例子。在這個例子中，我們有意識地把對覺知的控制權交給導演，讓他把我們的覺知從心智的一個區域轉移到另一個區域。這不屬於分心的範疇。

以下以智慧型手機的例子來說明分心的意涵。

喬尼準備用手機發送緊急訊息給保姆，因為他臨時需要加班，所以希望她晚點離開。在輸入訊息的過程中，一通電話打了進來，喬尼接起電話，與同事艾蜜亞討論起兩人一起進行的案子。

討論完後，艾蜜亞要喬尼去一個她經常瀏覽的網站查文章，喬尼掛上電話後便趕緊上網搜尋。讀完後，他同樣深受啟發，決定在臉書分享。他複製連結，登入臉書，發出貼文。

既然都進了臉書，他決定滑一下個人動態牆，開始按讚、評論和分享其他貼文。瀏覽過程中，他的螢幕底下彈出動態牆的通知。喬尼喜歡被關注，他當下便想：「哇，一定是有人喜歡我的貼文。」於是他點開通知，確實有不少人喜歡他剛發的貼文並因此留言。接著，他開始與對方互動，對一些留言「按讚」並回覆。此時，他已經在臉書花了十分鐘。

「這篇貼文真的很受歡迎，我應該也要貼到推特。」於是，喬尼從臉書切換到推特，轉貼連結。做完這些事後，他開始瀏覽推特的時間軸、讚美、留言。不久，推特上出現藍色圓圈，他開始感到興奮，因為有人回應他的貼文。他點擊通知按鈕查看最近的活動，並與回應貼文的人互動。

此時，他注意到了時間，意識到該離開社群媒體，回去工作了。於是他切換應用程式，從推特轉換到電子郵件，開始回覆信件。五分鐘後，喬尼突然意識到保姆尚未回覆他在二十多分鐘前發出的訊息，他的覺知因此進入心智的惱怒區，他決定再發個訊息，希望她盡快回覆。他再次切換應用程式，從電子郵件轉換到通訊軟體，這時他看見自己之前寫到一半的訊息，原來他根本沒有傳送出去。他一陣臉紅，覺得自己不該無故生氣，於是快速打完訊息送出，再回去電子郵件處理公事。當天晚上，他就是這樣不斷讓環境決定覺知的所到之處。

相信很多人對喬尼這晚的經歷不陌生。到底發生了什麼事？喬尼讓他的覺知從一件事跳到另一件事，讓他的手機、應用程式和社群媒體通知決定覺知的去向。在未獲意識准許的情況下，任由外力支配覺知去向，這一事實告訴我們，他已經處於分心狀態。

他的手機不僅決定了覺知的去向，也決定了他的能量流向。在分心的情況下，覺知到處亂跑，能量也到處亂竄，結果沒有任何一件事能獲得足夠的能量。

掌控分心

分心就和專心一樣，都要練習才能做好。那些老是分心的人，其實都在不自知中成為現代新興科技的堅定實踐者。回顧練習律的重點——你練習什麼，就會擅長什麼，無論你是否是有意識地練習。

在〈別對我用藥〉舉的例子中，如果我要成為出色鋼琴家，每天可能要練習五個鐘頭以上，每週五到六天。半年後，我一定會比鋼琴新手表現得更優秀，但是否足以在卡內基音樂廳演奏？很難說。但是一年後，我一定能成為優秀的鋼琴家，儘管仍不足以達到演奏的最高水準，但我會變得更出色。

試想，每天練習分心六到八個小時，每週五到六天。半年後，我的分心能力會有多強？可能會比我開始練習之前更出色。一年下來，我會達到什麼境界？可以想像，我的分心能力肯定表現得無與倫比。

事實上，多數人每天練習分心的時間不只六到八小時。一天有二十四小時，一般人每天平均睡八個小時，清醒時間有十六個小時。在這十六個小時中，我們實際上練習分心的時間極有可能超過六至八小時，甚至說十到十四小時都不為過。每週只有五到六天處於分心狀態也不太可能。我認為，如果你從週一到週六都在分心，在週日專注的可能性也是微乎其微。

如果每天有十到十四個小時都處於分心狀態，每週七天，連續六個月下來，我可以保證你會非常擅長分心。再累積個一年以上，你便能登上分心大師的境界。

人們大多沒有意識到，之所以容易分心，正是因為太常練習分心的緣故。不僅沒人教過他們如何集中專注力，他們還整天不停練習分心，成為分心的高手並不意外。

分心的代價

每個人的生命都有兩份大禮——時間和能量，但並不是所有人都能意識到這兩者有多珍貴，而意識到的人多會無比敬畏地看待它們。我們在地球上的時間有限，且分秒不斷消逝，如何選擇並善用時間，完全取決於自己。同樣地，每天擁有的能量就這麼多，把它投注在哪裡也是我們自己的選擇。

分心是時間和能量的小偷，剝奪了寶貴的時間，以及人與人之間的相處。分心消耗了每個人的時間和能量，但不是每個人都會感受到損失。缺乏人生目標的人有用不完的時間和能量可揮霍；擁有目標的人則認為時間和能量極為有限，分心的代價太高，令他們難以承受。

覺知和能量從應該關注的事物上流失的那一分鐘，一去不回頭。專心使我能充分享受與家人、親人相處的每一刻，分心則讓我失去這些時刻。

生活中有許多寶貴的時間被浪費掉，因為人們總是難以理解分心對個人層面的影響之巨大，儘管這種影響只有善於專注的人才看得到。

由於人們無法集中專注力、缺乏恆定力，於是他們只能回想失去的體驗，導致他們經常無法感到滿足，因為儘管他們有許多體驗，卻沒有處在那當下。父母和孩子沒有在足夠專注的情況下互動，所以產生了疏離感；朋友們相聚只是為了拍食物美照，拿手機與不在場的人互動。當對話被扭曲得比陡峭山路還曲折，就永遠無法有收穫，因為保持在同一個話題上並自然得出結論，幾乎是不可能的任務。分心在現代社會如此普遍，可悲的是，我們的社會也默許它的存在。

將恆定力融入每一天

我已為你奠定了學習恆定力的理解基礎。現在就來探討恆定力吧。

在此簡單重溫恆定力的定義：**在有意識地選擇把覺知轉移到其他事物之前，將覺知保持在一件事情上的能力。**

為了練習恆定力，我以日常生活來展開恆定力的實踐，**練習將覺知一次保持在一件事情上，直到我有意識地選擇將其轉移到其他事情上。**這對於擁有專注生活十分重要。

人們常問我：「每天早上打坐五到十分鐘，是否有助於集中注意力？」

我的回答是：「首先，打坐並不能幫助你集中注意力。你要先能專注才能打坐，這完全是兩碼子事。要真正回答這個問題，我得說如果每天只練習專注五到十分鐘，那恐怕要花很長的時間才能變得善於專注。」

還記得練琴的例子嗎？如果我每天只練習五到十分鐘，那要多久時間才能練好彈琴？答案當然是要很長一段時間。恆定力也一樣，每天只練習五到十分鐘，絕對不足以幫助你成為優秀的專注者。

我也必須反問你：「扣除練習專注的十分鐘，剩下的二十三小時五十分鐘裡，你會怎麼做？如果你在其中的八到十小時練習分心，那早上的十分鐘幫助就不大。」

有些人會在早上花一小段時間進行某種形式的活動，幫助他們感覺更集中或專注，但其他時間卻依舊延續各種背道而馳的惡習。

你得拿出像奧運短跑選手般的態度面對生活，舉尤塞恩．博爾特（Usain Bolt）為例，儘管我對他所知不多，但我知道他來自牙買加，連續三屆奪得八枚奧運金牌，還是百公尺短跑世界紀錄九．五八秒的保持者。

以下是我的假設——在他的生涯巔峰時期，我假設他在賽道上和健身房裡都不斷鍛鍊，保持飲食健康、嚴格控管營養、喝大量的水、定期拉筋，充分休息和睡眠等。他每天的大部分時間可能都被例行公事和練習填滿，以幫助他成為地球上跑得最快的人。

也就是說，他百公尺九．五八秒的成績，要歸功於每天的例行公事和練習。想成為地球上跑得最快的人，絕不可能僅靠每天九．五八秒的練習時間就達成。同樣地，你也不能指望每天十分鐘的冥想練習，就能幫助你變得更專注。像奧運短跑運動員一樣，你的一天必須排滿例行練習。唯有如此，你才能成為一個具有恆定力的人。

總之，想成為優秀的專注者，就要在一整天的活動中融入恆定力練習，將覺知一次保持在一件事情上，直到你能有意識地選擇將覺知轉移到其他事情上。這裡所說的「一整天」，包含二十四小時內你所做的每一件事。

讓專注變成日常

接下來的問題是，要如何在一整天中練習專注？

其中一個好方法，是找出日常一天中非做不可的重複性事件，將專注練習融入其中。

我把「日常一天」定義為擁有固定事件的一天。對我以及我認識的多數人來說，通常是指週一到週五。這樣的一天是由與家庭、工作、自我相關的重複性事件組成，有別於可能有非例行安排的假日。

「非做不可的重複性事件」指的是每天重複發生的事，這些事每天都得做，沒有商量餘地，包括上廁所、吃飯、喝水、洗澡、刷牙等，儘管是例行公事，但並非不重要。

有些人會把晨跑或冥想也列為非做不可的重複性活動。但我並不認為這些是不可或缺的，因為你可以幾天不跑步或打坐，但你不可能幾天不和孩子說話、不吃飯、不喝水或不上廁所。所謂「非做不可的重複性事件」，最好是真正不可或缺的事。

清楚定義了「日常一天中非做不可的重複性事件」後，讓我們來看如何將恆定力練習融入其中。

我每天都會與妻子談話聊天，這是不可或缺的例行事件。我每日大概會跟她聊天兩到三小時，為方便起見，就說平均是兩個半小時吧。但這些時間會分散在一天當中的各時段，有些在早餐時，有些是白天討論我們在哥斯大黎加的計畫，還有些是在吃飯時間等。由於我認為這是一天中非做不可的重複性事件，我會把它視為融入恆定力練習的完美機會。

每次交談時，我會把覺知全神貫注放在她身上。如果覺知偏離了，我會輕輕地、充滿愛意地，把覺知帶回她身上。當我把覺知集中在她身上，便是在鍛鍊我專注的能力。如果我的覺知再度偏離，就再用意志力把覺知帶回去，如此不斷重複練習。最後，我的覺知學會了完全專注在她身上。

我把每天與妻子交談的時間做為練習專注的機會。每天平均花兩個半小時與妻子談話，表示我每天有兩個半小時練習專注，如此六個月下來，就能發現自己的注意力變得更集中。同樣的道理，如果我每天練習彈鋼琴兩個半小時、每週五天，六個月後，我的琴藝也能有更好的表現。前文曾假設，如果要成為出色的鋼琴家，每天至少要練習五個鐘頭以上。如果我們假設七個小時做為是學成專業的標準，那表示我還需要再加上四個半小時的練習，才能達到專業的專注力。

因此，我需要在日常一天中，找出其他非做不可的重複性事件來融入專注練習。

我每天平均花九十分鐘處理電話和視訊會議，這些都是沒有商量餘地、必須完成的例行公事，也是練習專注的最佳機會。因此我打電話時，會練習把覺知放在對方身上，不同時做其他事，比如查看電子郵件、滑社群媒體或洗碗等。我的覺知全神貫注地放在電話另一頭的人身上。

這樣做讓我增加了九十分鐘的練習，現在，我每天練習專注的時間，已經累積到四個小時了！

你也可以透過一天中較短的重複性事件累積更多練習時間。比如刷牙，讓我有機會專心於我的牙齒，雖然只是幾分鐘，但每天刷兩次牙，就能多出四分鐘練習集中恆定力。洗澡也是另一個很好的機會，讓我專注於清潔自己。還有吃東西，也是我們一定會做的事，可以練習專注於品嚐和咀嚼口中的食物。解尿也是練習的好機會，可以集中注意力把尿解在小便池而非地板上（男廁的狀況通常能證明，多數男人不太集中注意力瞄準目標。）

你毋須耗費太多精神，就能找出一天中諸多非做不可的重複性事件，來安排六到八小時的練習。按照這樣的速度，六個月後你就能順利成為一個擁有恆定力的人。

古魯德瓦教給我的深刻洞見，讓我能利用一天中的日常體驗來實現目標。他教我不要去歸類事件的重要性，而是將它們每一個都看作是我選擇在人生中擁有的體驗。我的行為和反應決定了我如何塑造心智，以及我的人生要如何展開。他告訴我，這些事件是相輔相成的，儘管看起來瑣碎，但做好一件事，有助於培養我做好其他事所需要的特質。這些事件彼此相關，構成我的一天。我對它們的看法、我如何完成它們，是形塑我的一股巨大力量。

上師的智慧指引改變了我的人生，他讓我的每一個行為都成為邁向有意義生活的墊腳石。有些人可能認為這樣生活很累，但事實並非如此。這是關於習慣的建立，而習慣的養成是為了設計一種支持你實現目的與目標的生活方式。你每天所做的事，都是因為你想要或需要去做，這是既定的事實，重要的是去明白：你能選擇如何做每件事。如果你改變自己做事的方式，就能改變自己的生活。

請致力於專注在你的每一項工作上，無論其重要性如何。從起床的那一刻到晚上睡覺為止都要全神貫注，並將這種做法帶入夢中，因為睡著的時候，我們在另一個世界是清醒的。恆定力會決定我們在夢裡收穫到什麼，畢竟塵世的我們，幾乎有三分之一的時間都在睡夢中度過。

古魯德瓦分享的這個洞見包含著很多層次，只要深入思考，就能解開並理解其中的深刻智慧。它會帶領你活在每個剎那的永恆之中，讓你確實活在自己的每個經歷裡，有意識地在一天中的每個時刻覺察到你的覺知。

把握專注的機會

在尋找日常一天中非做不可的重複性事件時，你可以放眼到家庭之外。如果平常你大部分時間都在辦公室，不妨在工作場合找找練習專注的機會。

假如你每天都要與團隊開會十五分鐘，這就是你日常一天中非做不可的重複性事件，是融入專注練習的絕佳機會，既然一週有五天固定要開這個會，你就可以練習全神貫注在這上面。每當有人在會議上發言，就把覺知放在他身上。如果覺知偏離，就用意志力把它拉回到那人身上，用恆定力來保持對他們的關注。

往返辦公室的通勤時間，也是日常一天中非做不可的重複性事件。有些人習慣開車上班，這也是全神貫注於路程上的絕佳機會。CDC 指出：「二〇一八年，全美因駕駛分心而造成的車禍死亡人數超過兩千八百人，估計四十萬人受傷。」依據國家安全委員會的報告，每年有一百六十萬起車禍事故，是因為駕駛在開車時使用手機所導致，由此足以說明開車要專注的重要性。

有過這樣的經歷嗎？開車到某個地方，卻不記得自己是怎麼到的？請想想，你待在一個金屬盒子裡，以每小時六十英里以上的速度行駛，但你的注意力卻不集中……這難道不嚇人？我曾在德國參加一次研討會後，收到一位企業家的電子郵件：「我以前開車時會一直講電話，但現在我坐進車裡，就會把手機放進手套箱，專心開車。我注意到兒子和我一起在車上時，專心開車這件事更顯得重要。我從後照鏡看到他坐在安全座椅上時，心裡會想：『他的性命掌控在我手中。如果因為我開車分心而讓他受傷，這都是我的責任。而他別無選擇。』我不需要其他理由說服自己為什麼開車時要專心。」

開車越專心，越能避免事故發生。如果你會開車，那麼不妨把開車當成一個練習專注的機會。

如果你的工作需要與電腦朝夕相處，這也不失是個練習專注的機會。假設身為程式設計師的你，正在編寫一個複雜的購物車選項程式，這時請對自己說：「我要在接下來的一個小時內完成這個工作。這段時間裡，我不會讓覺知徘徊在其他事情上。」接著便關閉所有通知。如果覺知偏離了、想拿起手機，就輕輕地、充滿愛意地，把覺知拉回寫程式上。這一個鐘頭就是你用來培養恆定力的機會。

我們每個人每天都會有無數機會可以練習恆定力。我們的目標是在這些非做不可的重複性事件中，盡可能多練習。練習的時間越多，你的恆定力就越強。利用生活中本來就該做的例行公事練習專注，這種方式不會額外增加生活的負擔，反而能加速培養你的恆定力。

建立儀式

我們的生活周遭充滿了儀式，儘管多數人可能沒有意識到，但地球繞著太陽轉，月亮繞著地球轉，動物們有自己的儀式，人類也依儀式而行。長久以來，儀式一直是智者經過深思熟慮建構，並有意識地融入生活的軸線，目的是為了實現特定目標。

十年的印度教僧侶生活，使我對儀式的概念有了深刻認識。它的改造力量難以估量，畢竟有什麼更好的辦法，比創造日常儀式更能將專注實踐融入生活呢？前一節已和你分享了將恆定力練習融入生活的絕佳方法——將它融入日常一天中非做不可的重複性事件裡，讓我們來看看如何具體實踐。

首先，我想要你寫下一天中五件非做不可的例行公事，讓你可以藉此機會練習專注。你可以使用上一節舉過的例子，或是自行尋找機會，重點是必須是在你的日常生活中反覆出現的事。

請按照你想執行的先後順序把這些事列出來。接著，選擇你列舉的第一件事，練習將它融入生活，為期一個月，另外四件事暫時先擱置。

比方說，你選擇的第一件事，是確實做到與配偶交談時全神貫注。於是一天中每當與配偶談話時，你都要將覺知保持在對方身上。如果覺知偏離，便試著用意志力把它拉回來，然後用你正在發展的恆定力，將覺知保持在配偶身上。請堅持不懈地進行這個練習。

在這個階段，這是一天中唯一一段我希望你有意識地努力專注的時間。下面我將說明原因。

試想，若我每隔一天去健身房，仰臥推舉二十磅槓鈴。三週後，應該把重量增加到二十二磅還是一百磅？雖然我不是健身專家，但二十二磅應該是較好的選擇，我希望能以漸進的方式鍛鍊肌肉。

心智也不例外。你可以把心智看成是想要鍛鍊的肌肉，如同仰臥推舉，需要採取漸進式的訓練。如果你一開始就想嘗試一整天都用來訓練集中注意力，你會很難成功。如果屢遭失敗，你很容易就灰心喪志，最後放棄整個練習。

但是，如果在一個月或更長的時間後，你發現自己已經能確實做到專注地與配偶交談，那就可以在日常生活中增加另一個機會，加入排序第二的事。

假設第二個機會是與女兒相處時確實做到全神貫注，那我現在便有兩個機會練習專注了。這構成了我每天練習恆定力的習慣，也是這個階段我一天中唯二有刻意去集中注意力的時間。我把其他三個機會暫時擱置，先在這兩件事下功夫，直到我可以確實做到全神貫注在配偶和女兒身上為止。

我可能需要幾個月的時間，才能全心專注在她們身上。假設我花了五個月時間，那麼這時就可以給我的仰臥推舉增加重量了，也就是在這個日常儀式中增加第三個機會。

以這種方式持續下去，直到五個機會都被用來練習專注時，你會發現自己開始能夠在一天的其他事件裡，有意識地集中恆定力。

隨著每天增加的機會，你也增加了用於練習專注的時間。不久，你會發現自己每天有五、六個小時以上都在練習專注，使你成為恆定力的專家。最終你會發現，養成恆定力其實不難，因為你已經在潛意識裡建立了一次專注在一件事上的習慣。

重點是，想要把任何事做到擅長，最好的方法是循序漸進。要在一天或一週裡做出改變並非難事，但要月復一月、年復一年地守住那種改變，才是每個人都該追求的聖杯。循序漸進地發展一種技能或特質，能協助我們守住那種改變。

多數人都想從零直接衝到一百，但請別忘了，零到一百之間，還有九十九個數字，沒有快速的解法，也沒有捷徑。如果跑步不是你日常鍛鍊的一部分，就不要指望明天能跑完全馬，我們必須慢慢累積習慣來達到目標。

如果你四十歲了，從未學習過如何集中注意力和練習恆定力，就不要指望讀完本書，就能成為一個專注的人。你需要時間和努力去推翻養成了四十年的舊習，並且建立新儀式。建造一座美麗的建築需要時間，建構一個美麗的心智也是如此。重大改變通常需要幾週、幾個月，甚至幾年的時間，但是正如古魯德瓦經常說的：「回報將遠大於付出的努力。」

旅程中，你必須對自己有耐心、同情心，你會跌跌撞撞、跌倒受傷。但記得充滿關愛地扶起自己，繼續前進。請複習〈微小但實際的力量〉，當你把注意力集中在一個機會上，你就邁出了一小步，一次一小步是可行的。微小的目標不會產生壓力，但千萬不要低估了微小的力量。

追蹤進展

不追蹤進展，就不會有任何進步。——拉吉・湯瑪斯（Ragy Thomas），Sprinklr 創始人和執行長，親愛的友人與良師

我在上文中反覆提到要「確實做好全神貫注」，讓我們來對「確實做好」下定義。要如何知道自己是否有確實做好一件事？如何知道自己有進步？最好的方法是追蹤進展，這個概念是我從上師那裡學到的。我還在寺院受訓時，他要求我追蹤自己的修行進展，以一種簡單但有效的方式自我評估。

每天晚上返回小屋時，我會花幾分鐘評估自己當天進行的所有儀式。我會在一張紙上畫三十一個欄位（代表一個月三十一天）。每欄對應一列，填入儀式名稱。就著地板上的小油燈，替自己在每個活動中的表現打分數。評估完成後，我把紙對折，夾在經書中間，置於床腳。每天晚上都這麼做。

月底，我會把這張表交到上師的辦公桌。某天，我去交這張表時，他正坐在辦公桌前，於是我將表直接遞給他，希望他過目。然而，他接過表後，就隨即打開抽屜，把它放進裡頭的資料夾。我從上師那裡學到的諸多教誨，很多都不是透過言語來溝通，他會以難以置信的恆定力向我傳達一個明確而直覺的訊息，因為很直覺，所以總是簡潔明瞭，如果要化成語言，恐怕要花費不少脣舌，但他卻能在瞬間傳達出要給我的訊息。他的意思是：「你這樣做的目的是為了自己，不是為了我。」

在那一刻，我意識到對他來說，我在那張紙上寫了什麼並不重要。評估表是為了讓我追蹤自己的修行是否有進展。它是自我評估的方式，我可以對自己撒謊，給自己打滿分，但這對我來說沒有好處。事實上，這個練習的受益者是我，我應該以最誠實的方式，為自己在每個儀式中的表現打分數，瞭解自己是否有進步。

我所接受的工程學院訓練，是以目標和結構為導向來擬定步驟和過程，我也全心希望以這種思維模式來展開靈性旅程，而這正是吸引我追隨上師修行的眾多因素之一。他很實際、有條理，具備了我一直在尋找的精神導師特質——能從個人經驗出發，勾勒出一條按部就班的明確道路。

他對僧侶的基本教誨是「挺起腰桿靠自己」。他說：「不要倚靠我，不然我不在了以後，你們會無所適從。」人們總是會依賴那些教導、帶領、指引我們的人，以至於他成了我們手中的一根拐杖，而不是催化劑。許多指導者因此濫用這種特權，因為這是很吸引人的商業模式，會使學生不斷回籠來尋求更多的指導，成為一筆穩定的收入來源。誰不想要呢？但我更欣賞上師的方法：幫助人們確立目標和通往目標的道路，然後教給人們工具和實踐方法，協助他們達到目標。他的方法是無私的，讓我明白他是真心關心我的靈性成長。

但是我們要如何知道是否取得了進展？答案是指標！上師幫助我辨識進步的指標。這些指標使我充滿信心，知道我的進展是自身努力的結果。如果我從舊金山開車到聖地牙哥，看見路標上面寫著：「距離聖地牙哥兩百五十英里」，那我便知道我的方向是正確的。兩小時後，當我看到路標上面寫著：「距離聖地牙哥一百五十英里」，就可得知我又靠近了目標一步。

我們可以藉由自我評估表得知自己是否有進步，而最終，我的進展將顯現在日常生活的行為裡。

倘若我每天都勤奮地進行恆定力練習，一段時間後，我會注意到與配偶交談時，我的覺知偏離的次數減少了。剛開始練習時，覺知在十分鐘內可能偏離了五次。勤奮地練習拉回偏離的覺知一個月後，我會注意到在十分鐘的談話中，覺知沒有一次偏離，這便是進步的明顯跡象。

如此將導致一個正向的結果。與我在一起的人感受得到我的存在，使他們感覺受到重視、關心和愛。

我的恆定力越強，與他人之間的互動就越深刻，因為專注讓對方感受到我的存在。因為專注，我成為一個更好的傾聽者。即使互動的時間短暫，仍很有價值，因為我全心處在構成那段體驗的每個時刻中。比如與女兒之間的五分鐘互動，讓我有了整整三百秒的體驗，沒有浪費任何一秒。這讓我覺得自己活得充滿意義，我的女兒也知道父親和她在一起時，他是「完全在場」的，有什麼比這種做法更能表現出對某人的愛呢？

團隊或客戶與我交談時，我也會完全專注。因此每一次互動，他們都能完全感受到我的在場，我也可以聽懂他們在說什麼。因為專注，我對事物的觀察力變強了，能注意到那些沒說出口的枝微末節，替他們設想沒有表達出來的需求，這些都是專注與恆定力帶來的好處。

自我評分

我在下頁設計了一個「恆定力14日練習」的表格，可以用來追蹤你每一個專注儀式中的表現。為了不要一次給太大壓力，我只列出十四天的欄位，以便你做兩週的追蹤。左邊五列可以填上你想練習專注的五件事。在最上列寫下你最想練習專注的第一個事項，再依序列出其他事項。不過我鼓勵你按照我前述的方式依序進行。你可以根據自己每天的表現，替自己評0～3分。這些數字的定義如下：

3：我的專注儀式，做得非常好

2：我的專注儀式，做得不錯

1：我沒有在這儀式上投入太多精力

0：我沒有進行專注練習

N／A：由於不可避免的原因，我今天沒能完成專注練習

請在兩週後統計分數。若以一個月三十一天計算，最高分是九十三分。你可以由此算出當月得分的百分比，六個月後就能根據結果畫成圖表，看看自己是否有進步。但是請牢記，進步的最大展現是，你的行為有了改變。

我在書末特別準備了「恆定力14日練習」的拉頁，方便你裁下影印使用。你也可以下載「丹達帕尼」APP（Dandapani）進行自我評分，裡頭有個「儀式」（Rituals）功能，可以讓你追蹤練習的進展。它每天都會提醒你輸入自我評估分數，追蹤並記錄結果，其重點在於幫助你引導覺知在心智中的去向，發展恆定力。

Android 版

iOS 版

恆定力練習		天數														總分
		1	2	3	4	5	6	7	8	9	10	11	12	13	14	
事件①																
事件②																
事件③																
事件④																
事件⑤																

第 7 章

意志力：生命中最強大的力量

定義與理解意志力

意志力是一種燃料，帶領覺知貫穿心智的所有領域，
這種精神品質使所有內在目標得以實現。
——古魯德瓦

前幾章中提到，每次覺知偏離時都要用意志力把它拉回來，而**掌控覺知在心智中的去向需要兩種力量：恆定力和意志力**。為了使用意志力，我們需要先瞭解這股生命中最強大的力量。

上師曾說：「人在一生中能培養的最強大力量，就是意志力。有了意志力，就能完成一切想要做的事。」

「意志力」聽來並不陌生，我原本也自認為對它有一定瞭解，但遇到上師後，我才真正對意志力有了更深的體悟。除了終於瞭解其意涵之外，我還從他身上獲得一個最深的洞見：人人皆能培養意志力。

對我來說，這是個新穎的概念！在上師告訴我這點之前，我從沒有這樣想過。就和恆定力一樣，從來沒有人教導我們什麼是意志力，該如何培養並運用它為我們帶來好處。多數人一生中都從未發展過這個他們所擁有的最大資產，而它卻能大大改變人生的方向。

每個人天生都有不同程度的意志力。有些人的意志力很強，可以毫不費力地用意志力耕耘生活；另外一些人則未發現或培養他們靈魂的潛在力量，只能向生活的反覆無常俯首稱臣。

要觀察一個人的內在意志力有多強大，在他還是孩提時候，會比成年之後更容易看出。如果你有兩個以上的孩子，應該能從每個孩子對生活經歷的反應，觀察到他們不同程度的意志力。例如，有個孩子想買玩具，於是他詢問母親：「媽媽，能否給我五十美元買這個玩具？」

母親回答：「當然可以。但你得做家事賺取零用錢。接下來幾個月，我可以給你一些工作來賺買玩具的錢。」孩子聽了後沮喪地答道：「真的嗎？那我等到生日再要這個禮物好了。」儘管他的生日在八個月之後。

他的妹妹也想要一個等值的玩具，母親也給她相同的回應。然而，這位妹妹的回答卻是：「那我就摘院子裡的檸檬做檸檬水，週末時就拿去賣。媽媽，我也要做妳安排的工作，這樣我兩個月內就可以賺到足夠的錢了。我一定辦得到！」

觀察這兩個孩子，你可以看出後者的意志力較強。妹妹身上有一種巨大的決心，呼喚她內在的一切能量，引導她專注地完成目標，這就是意志力。

解讀意志力

我的導師將意志力定義為「一定時間內，將所有能量導向某個特定目標的能力」。

為瞭解釋什麼是意志力，我曾把它描述為一種精神肌肉。儘管這描述並不準確，但它針對意志力及其運作方式提供了簡要的視覺概念。

倘若我在心智兩側畫出二頭肌，把它當成精神肌肉，意志力便是每回覺知偏離時將它拉回來的力量。每當覺知（發光球體）飄走，我就使用這些二頭肌捉住覺知，拉回到它應該專注的事物上。把意志力看作精神肌肉，有助於我們理解意志力是如何被用來引導覺知。而管理並使覺知聚焦，就是這本書存在的理由。

既然假設意志力是心智的二頭肌，我就應以鍛鍊二頭肌的方式來鍛鍊它。用我的意志力來發展意志力，就像我用二頭肌來舉重，讓它更強大。

多數人並未意識到他們其實可以培養出更多意志力，所以終其一生只運用自己與生俱來的意志力，頂多就是在生活中不經意地多發展出一些意志力，因此無法在生活中取得更大的成就。另一方面，那些畢生持續訓練意志力的人，最終完成了許多成就。

如同鍛鍊肌肉，你越是使用意志力，就越能夠培養它。意志力發展得越強大，就有越多的意志力可以供你使用。上師曾說：「使用意志力來加強意志力吧。」

上師曾分享另一個關於意志力的洞見：你所建立的意志力將與你相伴，永遠不會消失。它不需要補充，生生世世都可供你使用。

那些展現出高度意志力的人，是歷經了好幾世的努力培養出這種力量。他們將這個不斷增長的能量引進今世，甚至能以這些海嘯般的力量改變人類的進程。這種意志力絕不是僅靠一世就能培養。

負面的意志力

意志力是一把兩面刃，最好與人的品性一起培養。如果缺少高尚的良知和品性，意志力有可能被引導到負面特質上，對生活產生不利影響。

構成高尚良知和品性的基本特質是謙遜、無私、同情、憐憫、仁慈、耐心等。持續培養這些特質，將引導覺知走向較高層次的思維、談吐和行動，它們是引導意志力創造出人生向上活力的指導方針。

若能培養出越多的意志力，就越能掌控覺知，因而越需要擁有這個特質，以免覺知誤入歧途。

常聽到有人形容高度專注的人說：「他真是頑固！」這句話是無知者誤把決心當作固執的錯誤想法。這種決心與專心致志其實是源自理性、適當的思考、明確的目標，而決心和固執容易混淆，是因為意志力的堅定行動將覺知保持在全神貫注的狀態，但缺乏理性，受到本能支配時，便成了固執。

我遇過許多人有強大的意志力，卻沒有努力培養良心與品性。我如何知道他們有強大的意志力？因為我看到他們在生活中克服萬難，完成許多壯舉。但由於沒有培養出上述特質，所以無法完成更多偉大的成就。

例如固執的人可能會接受指導，以帶來更好結果的另一種方式完成某事，但因為修養不夠，導致他們將覺知保持在心智中缺少理性的區域。由於缺乏謙遜，他們明明可以接受明智的建議來獲得較好的結果，但卻選擇一意孤行，這便是一個負面運用意志力的典型例子。

如果說意志力和恆定力是覺知用來翱翔的翅膀，那麼性格特徵便是形成這些翅膀的羽毛。

培養意志力的最大原因

生活中的任何事都離不開意志力。即使死亡在召喚，生命悄然溜走，意志仍會在最後一刻才離開我們，奮力捉住生命消逝前的每一刻。

儘管有意識地使用意志力的機會多不勝數，但最重要的莫過於掌控覺知在心智中的旅程。意志力是駕馭和引導覺知的韁繩。意志力在引導覺知時，同時也引導著能量往哪裡流動、最後在生活中顯化為什麼。

你的生活是意志力如何影響覺知的證明，掌控覺知就是掌控你的人生。

培養意志力就是在發展精神肌肉，可以用它來把偏離的覺知拉回到其應該專注的事物上，這是意志力的基本應用。當覺知在心智中閒逛時被拉回來，我就要以恆定力與意志力把覺知保持在它應該專注的地方。

一旦覺知被訓練得足夠專注，意志力就能從監護者搖身一變，接下身為「覺知管家」的新角色。

一個人對自己的意志力越熟悉，就越能自如地駕馭它。繪畫大師的雙手如忠僕般任主人揮灑，意志力大師也是如此。他越能掌控自己的意志，就越能掌控覺知。他的目的地是難以捉摸的心智深處，是高遠的超意識境界，讓他能體驗存有的本質。在旅程中，他必須以不屈不撓的意志力優雅地駕馭覺知穿越心智，避開心智中無數迷人和誘人的地帶，以免其誘捕覺知不斷偏離。儘管外在世界已令人心煩意亂，但內在世界卻更是有過之而無不及。

如果意志力大師能精確運用意志力和恆定力，使覺知達到超意識的高遠境界，就不會受到其玄深體驗所驚擾。否則一旦他鬆開了對覺知的掌控，哪怕只有一瞬間，也會因為那種體驗而飽受不安，導致覺知被拉出到本能意識的混亂當中。在超意識的神聖殿堂裡，覺知將體驗到存有的宏大。所有人都可以進入這裡，但只有具備不屈不撓的意志力、堅定不移的恆定力、對認識自己有無止境渴望的少數人，才體驗得到。

養成意志力的三種方法

每個人都應該學習瞭解意志力、培養意志力的方法，以及如何有意識地將其應用在生活中顯化目標。心智、專注和意志的潛在力量是上天的恩賜；雖然人人都能獲得，卻有很多人不知道這點。

古魯德瓦給了我培養意志力的三個簡單卻有效的方法：

方法①有始有終地完成工作

方法②把事情做到超乎預期地好，無論需要多長時間

方法③比你能做的多做一點

這三種方法都要依賴努力，而努力的過程就是在行使意志力。記住，你是透過使用意志來加強意志。接下來，讓我們逐一探討這些方法，看看它們能如何協助你培養意志力。

方法①有始有終地完成工作

想在計畫結束時，體驗到比開始時更大的喜悅感，就要有意識地去管理意志力，那種喜悅**只有在有始有終地完成工作時才體驗得到**。一個新想法帶來的能量，對心智來說好比一股新鮮空氣，這股興奮感推動著我們前進，直到這股不受控制的能量（興奮感）失去活力。

通往勝利的道路是一條上下顛倒的鐘形曲線，在計畫之初的興奮感消退之後，艱苦旅程中的付出似乎與回報不成正比。隨著能量、靈感和興奮感的消散，我們需要提振意志，才能將想法從願景化為現實。

我們永遠需要意志力來幫助我們完成每件事。

例如一場談話，多數話題很難在另一個話題提出前得出什麼具體結論，也很容易離題，就像氣球在空中漫無目的地飄移。儘管話題結束時仍沒有結論，但因為無關痛癢，所以多數人不會意識到這會在潛意識中形成一個模式，使人認為未能完成的事，就跟看似微不足道而沒有結論的話題一樣，對生活或心智不會有壞的影響。

這種不把事情澈底完成的模式，會滲入到生活的每一個層面。起初只是諸如洗碗、洗衣服、整理家務等被認為浪費時間的日常瑣碎小事，但最終這種思維會進入生活的其他方面，產生更嚴重的後果：使我們想享受事情開始時的興奮感，卻迴避有始有終地完成它，於是一件事未完成就急著跳到另一件事。而這一切都容易削弱我們的意志力。

我們需要行使意志力來駕馭覺知，引導它自然而然完成工作。如此一來才能使潛意識明白，它可以完成已著手開始的工作，這是很強大的力量。**將一個想法具體化，就是完成該想法**。隨著這類體驗反覆出現，儘管留在潛意識中的印象很微小，卻也逐漸建立起「我可以創造和顯化某事」的自我信念，這樣的心態將帶給我們信心，使我們更努力。生活變成一個創造和顯化目標的機會。

請有始有終地完成工作，無論這件工作是多麼地微不足道、平凡或瑣碎。每當這樣做，就是在培養你的意志力——你的精神肌肉。

方法②把事情做到超乎預期地好

有始有終地完成工作是培養意志力的第一階段，但可不能就此打住。決心鍛鍊意志力的人，總是樂於知道是否還有其他鍛鍊機會。

你可以完成計畫後就停下，也可以選擇讓成果超乎自己的期望，這便是培養意志力的第二個方法。**把事情做到超乎期望地好是需要努力的**，而這樣的努力就是在行使意志力。

分享古魯德瓦給我的教誨。僧侶們每天會花三十分鐘清掃被分配到的寺院區域。有段時間我被分派去打掃冥想室。

一天，我提前完成工作，因為我認為冥想室已經一塵不染。離開時，我碰到上師。「你的任務完成了嗎？」他問。

我回答：「是的。」

「還能做得更好嗎？」

「應該可以，但一切看起來十分乾淨。」

「我們一起去看看吧。」他邊說邊穿過院子。來到冥想室，他推門進去，我跟在他身後。

冥想室總能給人某種跨越時空維度的感覺。這裡是二十幾名僧人在清晨時分聚集打坐的地方，一週中的多數時間，我們都會與古魯德瓦待在這裡冥想。幾十年來，許多放棄俗世生活者獨自追求自我的內在體驗，滲入這個神聖空間的每個角落，創造出一個散發空靈氣息的脫俗聖地。

這是一個有斜面天花板與黑色木頭包覆牆面的簡單房間，雖然看不出來，但感覺得到它年代久遠。磁磚地板上鋪著地毯，東南方的牆面有一片大玻璃門，房間後半部有個帶煙囪的熔岩壁爐，前方則有個略高於地面，專為古魯德瓦設置的座位。兩邊牆壁掛著長長的卷軸，以梵語詳細說明心智地圖。幾十年前，他便以此神祕語言訓練僧侶掌握冥想的藝術和了悟真我的體驗。我也曾在此處冥想，從古魯德瓦身上得到許多深刻的體驗和洞見。

我們站在冥想室中間時，他對我說：「多數人只會完成最基本的事，或是他們看得到的表面，但如果仔細環顧四周，你會發現還有很多地方需要清潔。我敢肯定沒有人掃過衣櫃後面，風扇可以擦得再乾淨些，角落的蜘蛛網也可以清理一下。」

「永遠記得問問自己：我能否做得比現在更好？我還能再多做些什麼？」

這個教誨在我的腦海中留下不可磨滅的印象，並改變了我做事的方式。**只要運用意志力多付出一點努力，就可以將一件事做得超乎預期地好。**這樣的努力就是在培養意志力，並以更好的方式完成工作。

方法③比你能做的多做一點

你可以將計畫做得超出自己預期地好，然後停下。你也可以召喚意志力，再多做一點。多做一點需要努力，這種努力便是對意志力的鍛鍊。

我認識北加州的一位豪宅建商。房子落成交屋當天，他們會在房間裡放上美麗的花束，讓屋主踏入新家時更增添一份喜悅。雖然這不是合約內容的一部分，但建商這樣做，是因為他們想做得更多一點。這個做法很不錯，將方法③帶入自己的工作，同時培養意志力。

方法②和方法③的區別

經常有人跟我說，他們分不清方法②和方法③之間的差異。為了幫助大家釐清，我再分享一個例子。

假設我打算替家中某個房間粉刷油漆。方法①引導我開始上漆，然後有始有終地完成。方法②敦促我將這件事做到超乎自己預期地好，因此沒學過怎麼漆油漆的我會上網找影片看，自行學習訣竅，使我能以超出目前能力的水準來完成這項工作。這麼做確實能幫助我達到比當初預期更好的結果。

方法③則鼓勵我做得比原本所想的更多一點，使房間粉刷完畢時，看起來比最初想像的更美觀。為了完成方法③，我決定去藝品店買個與牆面相襯的花瓶，還多買了兩幅畫，掛在空蕩的牆面上。買花瓶和畫便是比我認為的再多做一點的例子。

不要成為只滿足於完成最低限度工作的人。我們要成為在每一次機會中鍛鍊意志的人，請召喚意志力，比自認為能做的再多做一點。

將意志力融入生活

一粒米對乞丐來說彌足珍貴，對智者來說，每一秒鐘也是如此。將覺知集中在當下，就是我們對珍貴的時間表達敬意的方式。

如果我們能將每一刻都當成一個機會，就會像拿出恆定力來培養意志力一般，善用每一刻。我們不該感到有負擔，正如之前分享的，既然每天每刻都有要做的事，何不明智選擇做這些事的方式？當每一刻的運用都帶有意圖，生活將變得充實且富有意義。

與培養恆定力相同，鍛鍊意志力也要融入日常生活的各方面。我們不能每天只花十分鐘培養意志力，而剩餘的時間都做些破壞意志力的事。

只要仔細觀察，就知道一天中充滿培養意志力的機會。與培養恆定力的方式相似，你可以利用「日常一天中非做不可的重複性事件」，做為鍛鍊意志力的機會。存錢是為了因應特定用途或需要，意志力也不例外。培養越多的意志力，就能有越多意志力供你調用。

第一步是去確定一天中有哪些是非做不可的例行公事。確定之後，就要用上一節提到的三種方法來培養意志力。

古魯德瓦將睡眠定義為非做不可的重複性事件，在我修道生活展開之初，就教我用睡眠的機會來培養意志力。他要求我們每天起床後，要以整理床鋪做為完成睡眠的儀式。時隔多年，我仍持續起床後鋪床的儀式。整段過程從決定休息開始：刷完牙後，我爬上床，期待漫漫長夜的臉部按摩（蹣跚學步的孩子會用她的小腳踩踏我的臉）。多數時候的早晨，我會在宛如麵條般糾纏的床單裡醒來，這是孩子整夜翻來覆去的傑作。

過往在寺院小房間裡只需花半分鐘就能整理好床鋪的早晨，如今已蕩然無存。家庭生活讓事情變得複雜，現在的我要展開鋪床儀式，得先解開糾結的床單，把它拉直，按照妻子的指示把枕頭弄蓬鬆、各自歸位（沒錯，床上不止一個枕頭）。

鋪床實現了方法①：有始有終地完成工作，方法②和③則要我除了完成鋪床，還要鋪得超乎預期，而且要再多做一點。因此，在確保床單整齊塞好後，我還仿效某些飯店的做法，將被子折成一定的角度並排列枕頭。

最後，我有了一張看起來乾淨、整齊和溫馨的床，營造出一種令人振奮的感覺。當一件家具占據了房間相當的面積，而它看上去完美無瑕時，對房間的振動頻率會產生極大影響。它提升了整體空間的層次，有助於將覺知引導至心智的更高領域。更重要的是，我以這樣培養意志力的方式來展開一天。

有時因為事多繁忙又或是睡過頭，我也會想說還鋪什麼床，趕快去處理其他更要緊的事。這種誘惑很強烈，但我會想辦法克服。**無論出現什麼障礙，一切都源自心中。**我會逼自己好好鋪床，不得中斷這個早晨儀式。鋪床本身不是難事，如何持續它才是重點。

為什麼要鋪床？

在我的研討會和演講中，鋪床最能引起大家的共鳴，我猜是因為它很容易融入生活。一天結束時，我們會上床進入夢鄉，而一天開始時，我們都會在床上醒來。鋪床是每天醒來就在眼前，毋需太費力就能拿出意志力完成的低難度工作。

有些人在社群裡分享鋪床的照片，並標記我；還有人拍下鋪床的照片寄電子郵件給我；甚至有人會走到我面前，熱情分享他們每天持續不懈的鋪床心得。

我常聽到有人自豪地說：「丹達帕尼，聽你談到鋪床的重要性之後，我每天都有鋪床。」

我為他們的成功感到高興，並對他們說：「恭喜！這是個偉大的成就。你應該為自己的堅持感到驕傲！」然後，我繼續問：「請告訴我，為什麼要在早晨鋪床呢？」

答案不外是：「它讓我在一早就享有成就感。」另一個常見的答案是：「我以勝利展開我的一天。」

這些回答都不算錯，但是忽略了我分享這件事的原因。**早晨鋪床的確會帶給你成就感，也會讓你以勝利展開一天，但其真正目的是培養你的意志力。**這是個將培養意志力的三種方法，融入日常一天中非做不可的重複性事件的機會。而培養意志力是為了運用這條精神肌肉來駕馭和引導覺知，進而引導能量的流向，無論能量流向什麼地方，都會在我們的生活中顯化。這才是要在早晨鋪床的真正原因，它有一個與我們如何開展人生有關的更大目的。

Sankalpa 在梵語中意指目的、意圖。意圖明確至關緊要，目的則是驅動一切的力量。明確知道早晨鋪床的原因非常重要，我們必須瞭解培養意志力最終是要用來做什麼。

從現在開始，每天早晨整理床鋪時，請告訴自己，你正在進行一個培養意志力的儀式，**以運用意志力掌控覺知在心智中的去向、進而掌控能量流向，這將決定你能在生活中顯化什麼。**利用重複的力量，加上明確的意圖，將這段過程深植在潛意識中。

早晨鋪床的儀式還有一個重要的好處。清醒後整理床鋪，能給你的心智下達明確的指令，表示你可以掌控覺知的去向，從而為那一天的開始建立一個明確習慣。如果把掌控覺知的韁繩交給環境，你會很容易滑入手機裡一個又一個永無止境的兔子洞，眼前總會閃過一幕又一幕的畫面。**請培養意志力以掌控覺知的走向，而不是讓你的內在或外在環境控制它**。

透過整理床鋪，你也是在對自己的身心和情緒行使你的意志力，向它們宣告你是掌管覺知、也是覺知應該服務的主人。經過這段訓練，你的身心和情緒會明白它們無權掌控覺知，它們反而要為你服務。請透過鋪床儀式，建立起你對身心和情緒的支配權，因為你才是它們的主人。

建立培養意志力的儀式

每天的例行公事，特別是那些日常一天中非做不可的重複性事件，是培養意志力的最佳機會。既然這些事件是組成生活的自然成分，何不利用它們來讓生活變得更好呢？我在上一節用了鋪床來說明。我想再分享幾個例子，讓你可以利用它們做為培養意志力的機會。

吃飯如同睡覺，是不容商量、非做不可的例行公事，也是將培養意志力的三種方法整合在一起的絕佳機會。每天早上我都會吃早餐，享用完碗裡的水果，我會把碗洗乾淨晾乾。幾個小時後我回來（我在家工作），大自然已幫我完成了任務，我只需收拾好即可。現在，我完成了吃早餐的過程，有始有終地完成工作。

你可能會想把洗好的盤子馬上用布擦乾放回碗櫃。或者，你覺得要把盤子放進洗碗機，再把流理檯上的食物殘渣擦拭乾淨後才算完成。重點是你必須先為自己定義什麼是「完成工作」。定義清楚後就堅持下去，堅持完成這個過程的能力就是行使意志力。

如果不清楚定義何謂「完成工作」，你可能會花一整個上午清理廚房。同理，也請給自己定義什麼是「超乎預期」、「比你能做的多做一點」。如果不這樣做，那我可能會花兩個小時鋪床，還會去洗床單、熨床單、晒枕頭……天知道一個鋪床的過程有多少事可以做，但這不切實際也不合理。在應用這些原則和方法時，我們必須使用智慧。

一般人每天至少會有一餐是在家裡吃。而從餐前備料、烹飪、享用到餐後清理，每一次用餐都有很多機會可以培養意志力和恆定力。辦公室的茶水間也可以用來培養意志力——使用後清潔檯面、清洗咖啡杯將其擦乾擺好等，把培養意志力的做法帶到你的工作場所。

古魯德瓦經常告誡僧侶們：「離開房間時，要讓它比之前更好。」離開房間時，我們應盡一切努力使其比進來前更整齊清潔。堅持一段時間下來，我意會到，即使是最微小的舉手之勞，都能帶來可觀的差異。

我和家人習慣在家裡赤腳，因此進門前會脫掉鞋襪。我們回到家，準備結束一日的外出時，其中一個過程就是脫掉鞋襪，把它擺放在適當位置。將鞋子排整齊便是多做一點、做得更好一點。這個簡單的動作，連我蹣跚學步的孩子也能熟練掌握。

脫下來的大衣隨手扔向沙發，會比掛進衣櫃裡更容易；把髒衣服扔在臥室地板上，也比放進洗衣籃簡單……我們的一天處處充滿機會可以鍛鍊意志力。一旦本能意識與潛意識明確知道這麼做的目的，就會心甘情願接受這些機會，而不是把這些練習看成苦差事或壓力。

這些機會最終會變成習慣，讓執行的過程不需要付出太多努力，因為它們已成為你做事的方式。

完成一個話題的討論、將洗完的碗擺好、脫下鞋子就隨手收放、外套收進衣櫃裡、離開餐桌時不忘把椅子靠攏。**你的生活方式反映你的心態，形成這種心態是為了培養意志力和恆定力**。這些儀式將成為你生活節奏的一部分，你的生命力將透過不斷的潛意識訓練，毫不費力地實現你的特定目標。

培養意志力

在此，我要你寫下日常一天中五件非做不可的重複性事件，用來做為培養意志力的機會。你可以用我在前一節和本節舉的例子來練習，或是自己另外找。將這些事件按照你心中的先後順序，排出一到五。從第一項開始練習，為期一個月，其他四項先暫置一旁。

如果第一項是早晨起床後整理床鋪，那麼記得每天都要澈底執行。過程中請運用我們提到的三種方法來培養意志力。如果一個月後，你發現自己沒有好好執行，也請繼續進行下去，直到你認為自己做得很好為止。

我在下頁準備了一個與恆定力練習表格相似的自我評估表。你可以利用這個表格來追蹤、評估你培養意志力的結果。為求簡潔，我就不再重複這些說明。在「丹達帕尼」應用程式的「儀式」（Rituals）選項中，同樣有個培養意志力的評分步驟。

當你確信自己已好好執行鋪床這件事，便可以增加第二件事，也許是在吃完早餐後清洗碗盤。當你發現自己能有效執行這兩件事，就是增加第三件事的時候。

還記得關於仰臥推舉和逐步增加重量的比喻嗎？培養意志力時也是如此。重點在於對自己要有耐心，貪快和不耐煩都將導致失敗。儘管這些練習看似平凡瑣碎，但我不這麼認為。我將自己一天中所做的每件事，都看成是自己有意識地決定去做的事，值得全神貫注地關心。這些看似微不足道的事正是日常生活最重要的部分，原因在於它們是每天都要重複做的事，而這種重複性具有塑造人生的非凡力量。

培養意志力能讓我有效掌控覺知在心智中的去向，明白這點就足以說服我付出一天的時間來鍛鍊。有了意志力，就能把覺知引導到心智中較高遠的區域，即超意識，體驗到存在於所有人內在的更高意識狀態。對我來說，培養意志力不僅是為了顯化我想要的生活，更重要的是體驗更高的意識狀態，最終達到了悟真我。

意志力練習		天數														總分
		1	2	3	4	5	6	7	8	9	10	11	12	13	14	
事件①																
事件②																
事件③																
事件④																
事件⑤																

找出意志力的源頭

某菜農擁有一片種有各種蔬菜的二十英畝地，農作物的壽命取決於它們得到的澆水量。這位經驗豐富的農民設計了一個灌溉系統，使他能從深井中取水，充分灌溉所有蔬菜。一年後，他又購買了四英畝的土地種菜。他知道水井是他的水源，清楚自己要上哪裡為新農地汲水。

你正躺在沙發上享受假期，沉浸在小說當中。當你翻開小說的下一頁，你的潛意識打破了注意力。它提醒你早上原本計畫要去健身房運動。那是你昨天晚餐後給自己的承諾，於是，你發出一聲嘆息：「得去健身房了。」

為了實現此計畫，你要先喚起覺知的注意，但你發現自己的覺知完全被書本給吸引，好奇接下來的情節。你試圖將覺知與吸引它的事物分開，但是仍舊徒勞。這一刻，你不想離開這張為自己編織的舒適網，一想到要換上健身服出門，你就感到懶惰無力。

此時，你意識到要讓自己去健身房的唯一辦法，就是喚起多年來不斷培養的意志力。你是否能像那個知道要去哪裡汲水的農夫，知道要上哪去找你的意志力呢？你知道自己的意志力源頭在哪裡嗎？

幾十年來，在我努力成為更好的自己的過程中，我永遠要去彌補眾多的心靈與情緒缺口，謙恭地承認並調整個性。在我還是年輕僧侶時，有一天，在與潛意識某個根深蒂固的習慣奮戰時，我感到很挫敗。

我發現自己被本能征服，於是前去尋找上師。他坐在房間的椅子上，陽光從紗窗透進屋內，讓房間充滿柔和的陽光。一如往常，我謙卑地在他面前屈膝行禮，盤腿而坐。他的風範使我充滿希望，我可以看出他感覺到了我的沮喪。

我們之間沒有任何話語交流。最後，他打破沉默：「是意志力的問題。」

我們兩人緘默良久，他讓這句話在我心裡沉澱，接著他說：「你必須尋找意志力的源泉，而那個源頭就在你心裡。」

我全神貫注地聽著，接著問道：「意志力的源頭在我心裡的哪個地方？」

他笑著回答：「我不能告訴你，你必須自己去發現。」我們便結束了這個話題。

如果我在書中鉅細靡遺地道出一切，那會剝奪你自己去尋找、發現、體驗答案並有所領會的樂趣。自己發現答案的學習體驗，和我直接告訴你答案截然不同。一旦你能找到意志力的源頭，你就能隨時回到它身邊，在需要時把它調用出來。

發掘意志力源頭的探索過程是一項值得努力的工作。菜農知道水源的確切位置，所以可以反覆回到這口井汲水，灌溉農場作物。找出自己意志力的源頭，將賦予你超出自己理解的力量。祝你在這段探索中一切順利。

深度耕耘

正如我早先分享的，撰寫本書不是為了讓你被各種練習壓垮，最後撐不下去放棄。不過，對於那些想要進一步鍛鍊意志力的人，這裡有兩個持之以恆的做法可以採用。

我建議你能在日常生活中持續進行那五件培養意志力的事後，再來採用這兩個做法。

練習①五件起了頭卻未完成的事

我要你找出近年來曾經起了頭卻沒能完成的五件事，也許當時你展開計畫時興致勃勃，充滿靈感，但進行到一半時，就因為某些原因而停止計畫，所以它們並未完成。

做了一大堆半途而廢或虎頭蛇尾的工作，不能培養出你的意志力。——古魯德瓦

或許有人能馬上找出過去一年中自己起了頭卻沒能完成的五個計畫，有些人則可能執行力比較好，必須拉長時間才能找出這五件事。

並非所有的計畫都能立即實現。例如，我和妻子從二〇一三年開始，就有個在哥斯大黎加的諾薩拉興建心靈庇護所和植物園的計畫。這座溼婆神廟是一項尚在進行中的計畫，特別是植物園，還要數年時間才能完成，但這和缺乏意志力無關，而是大自然需要時間讓植物生長。

你列出的計畫可大可小，請把它們寫下來，並確定自己希望哪些計畫先完成。請定義「完成計畫」是什麼意思，以及你要如何運用培養意志力的方法②和③，把它們提升到一個水準。與培養恆定力和意志力的方法類似，你得從這五項計畫中的其中一項開始，完成後才進行下一項。在開始第一個計畫前，給它定一個完成日期，然後運用意志力在期限前達成。

在完成每個計畫的過程中，努力回想當初為什麼放棄這個計畫。釐清原因並將其記下，往往可以讓我們從中得到教訓。

完成一個計畫後，花些時間慰勞犒賞自己有意識地行使意志力完成任務。這樣做能在潛意識留下「你知道如何行使意志努力完成計畫」的正面印象。當你接續完成一個又一個計畫，這個印象會持續加強，你便能在生活中逐漸顯化許多目標。

完成這五項計畫後，請回顧你的一生，把所有曾經起了頭卻未能完成的計畫寫成清單，決定你想完成哪些。請運用培養意志力的三個方法去完成它們，至於那些你選擇不去完成的，就放棄吧。既然知道自己已經運用智慧做出決定，這些計畫就不再值得你投入精力和時間。

練習②五件允諾卻未完成的事

與第一個練習相同。我要你回顧過去一年，找出五件你曾經承諾他人、最後卻沒能達成的事。比如你在幾個月前對朋友說：「我要買下那本我最喜歡的書送給你。」但你卻沒有做到。

詳細列出每一件你承諾過卻沒做到的事，並確認自己是否要履行它們。也許你的智慧會告訴你，現在不需要履行某些承諾了，那你就該聽從這個理性的聲音。對於那些你確定要實現的承諾，就趕快有始有終地去完成吧。可以的話，請納入培養意志力的方法②和③，並指定一個完成的日期。

請找出當初未能履行承諾的原因。是因為你太輕易地答應？還是你在說這些話時，並不瞭解每一句話都要付諸行動？這是個值得學習的教訓，理解這一點，將對你的意志力產生正面影響。一旦完成列舉出來的五個承諾，進一步回顧你的一生，從所有未履行的承諾中，找出哪些是你想履行、哪些是你不想履行的。接著，選擇兌現你重新承諾的事。

從今以後，要注意自己對他人說的話。每次告訴別人你要做什麼時，都要用意志力達成。這不是為了向他人證明自己，而是與加強你的意志力有關。如果每次做出承諾卻不去做，只會削弱自己的意志力，並在潛意識中產生不利於意志力發展的模式。但是，如果你總是說到做到，你所創造的模式就能夠加強意志力。

另外，不是只有對別人才要說到做到，對自己也是如此。如果你告訴自己要做某件事，就該有始有終地完成，而且要做到最好，多做一點。設定一個完成的時間點，能鼓勵自己及時完成，以免你不斷拖延。

努力工作，力爭完成，使用意志力來加強意志力。——古魯德瓦

第 8 章

進一步思考

科技與恆定力

我的半日工作坊有個強制性的休息時間。除了我，每個人都能去趟洗手間。我通常會待在講台，因為常有學員來向我請益或分享心得，今天也不例外。休息時間一到，坐在中間位置的女士立刻站起，朝講台走來。她的決心讓她與人群反方向前進，在我還沒來得及喝口水前，她已來到我面前。

她看著我，像是再也按捺不住心中想法般開口：「我贊同你對專注的看法。我們確實必須教導人們如何專注，尤其是孩子。」話才說完，她就把手機高舉到我面前，憤恨地說：「這東西正在毀滅我們的生活、它們是導致我們分心的元凶！」她像個緊捉著孩子不放的母親般握著手機，輕蔑地指責手機毀了許多人的生活。

我聽過很多人指責科技，認為智慧型手機是造成注意力分散的原因，但我卻不同意這樣的觀點。**智慧型手機並沒有毀掉人們的生活，是人們沒有能力在使用手機時謹守紀律。**

客觀地說，智慧型手機是個了不起的發明，擁有各種先進功能，讓你能即時與世界任何角落的人視訊、取得網路上的資訊、解決複雜的問題、想出好點子等，就連孩子都人手一機。手機鏡頭則宛如個人的「魔鏡」，讓人陷入反覆自拍再刪除的無止境循環行為。圓滑的空氣力學設計，甚至可以當成自我防衛的武器，像迴旋鏢般扔向攻擊者。我對智慧型手機愛不釋手，它是我不可缺少的工具。其實，任何改變歷史進程的發明，如刀具、車子等，只要使用不當，都一樣具有破壞性。

世界衛生組織（WHO）指出，每年有近一百三十萬人死於交通事故，但我們會因此說汽車是有害的發明嗎？這不是明智的結論，結論應該是，沒有適當的駕駛訓練將導致傷亡的嚴重後果。

同樣地，指責科技導致我們分心是不對的。儘管科技確實有讓人分心的潛力，某些設計的確有意讓你一頭栽進無法自拔。然而，對覺知擁有掌控權的人，始終是你。你有權選擇是要讓科技掌控你的覺知，還是由你自己掌控。

科技在我們的生活中如潮水湧來，一發不可收拾，卻沒有人研究用戶受到的影響，也沒有人給予用戶正確使用手機的教育，這才該是人類最嚴重的錯誤之一。科技是一項需要人來管理的工具。

科技的某些方面確實會讓你的覺知分心。電視新聞就是一個絕佳的例子。你打開電視，看到主播播報來自世界各地的重大事件時，你的覺知會被訓練成要放在她身上。當她說：「今天阿富汗一輛汽車爆炸，三十人死亡，十五人受傷……」她旁邊的畫面會出現一個汽車爆炸的片段，她一面播報，便一面播放更多畫面，於是你的覺知在主播和新聞畫面之間不斷來回移動。

覺知在這裡接受著怎樣的訓練？它被訓練成無法全神貫注，因為它在主播和新聞畫面間來回跳動，新聞成了決定覺知去向的外部力量。這還不夠，電視螢幕的三分之一處還有即時快報的跑馬燈，經常閃過令人震驚的全球新聞：「颶風侵襲孟加拉，造成二百五十五人死亡。」接著是：「威斯康辛州的格林灣商場發生槍擊案，造成十二人死亡。」世界各地的災難就這樣不間斷地滑進滑出，只有新聞頻道才做得到這點。

此時，你的覺知在新聞主播、她右邊的新聞畫面、跑馬燈的文字訊息間來回跳動，展開了大師級的分散注意力課程。

信不信，此時的螢幕還隱藏了其他訊息：跑馬燈下面還有股市走勢。螢幕右下角的太陽圖示，告訴你現在「里約熱內盧，氣溫二十八度，晴朗無雲」。全球各大城市的溫度和天氣預報也在新聞播報的過程中持續更新。

看二十分鐘的新聞播報，如同把覺知送往分心健身房鍛鍊。這段時間裡，覺知會在螢幕上的五個資訊點之間跳來跳去。這些資訊點不斷變化，爭奪著你的注意力。在此情況下，你可以說科技的確令人分心。在媒體的殿堂、平面顯示器的祭壇裡，許多人因此犧牲了心靈的平靜。

你問我是如何處理這個問題的？說實話，我根本不看電視新聞。如果我想獲知最新消息，我會選擇特定的新聞來源，前往其網站或應用程式閱讀某個主題的最新資訊。

不過，若培養足夠的恆定力，網路也是個容易讓人分心的地方。YouTube就是一個覺知的黑洞，當你看完一段影片，它會建議你觀看另一段影片，同時右手邊還有一系列誘人的影片縮圖。其中一個縮圖總是與你看的影片無關，那正是通往黑洞的陷阱。「印尼出現五頭蛇」，真有這樣的事？點開看一下，覺知就這樣踏上了分散注意力的旅程。

智慧型手機也是覺知的黑洞。它像一隻受苦的小牛呼喚著你，而你則以慈母般的無條件奉獻來回應。如果無法掌控覺知，它就會展開一段無止境的旅程，在社群媒體App、簡訊、電子郵件、電話、網路等資訊之間來回跳躍。如果默許這種情況發生，就等同於允許智慧型手機訓練你分心，只要手機一通知，你就隨即做出反應。

現代社會處處以吸睛為目的，製造出各種伎倆來分散你的注意力，並衍生出各種招數來滋養這種沉迷現象。但事實上，每個人都必須瞭解如何與科技互動，而不是責怪科技讓人分心。我們不應允許自己分心。

如果你對自己的覺知有健全的掌握，就會在休息時稍微滑一下IG，就把它放下，回到正事。這樣是分心嗎？絕對不是，而是你有意識地選擇休息，並在那幾分鐘裡選擇僅看IG。當你休息夠了，便把覺知拉回正事上，不去碰手機裡的其他應用程式。這便是以行動展現你的恆定力。

倘若允許科技掌控覺知在心智中的去向，你就會成為科技的奴隸。科技不僅會掌控覺知的去向，還會控制能量的流向。能量流動的結果，你的某些心智領域會受到開發，日益強大，聚集在這裡的能量就會產生磁場，獲得反覆將覺知拉回這裡的力量。

現在你知道為何有人會在一小時內不斷拿起手機反覆查看臉書了吧？因為他們允許覺知反覆進入心智的特定區域，鋪設一條深深的溝槽，創造出具有高磁場的心智區域，對覺知展現巨大的吸引力。

只有在你允許的情況下，科技才會讓人分心。毋庸置疑，科技將在我們的世界裡持續存在，並不斷影響生活。無論你喜歡與否，我們都已搭上這輛駛向未來的科技列車。這正好說明了為什麼你必須努力掌握覺知在心智中的去向，否則就是選擇讓那些開發技術的人統治。

科技是為你服務，而不是讓你為它服務。我們必須認清這一點。

善用科技，生活才有意義

截至目前為止，我在談到科技對專注的影響時，都沒什麼好話。但其實不必如此。我是科技的忠實擁護者，我相信科技可以幫助我們培養恆定力和意志力，甚至不需要下載任何軟體或應用程式。

前面幾章曾分享一個重點——把恆定力與意志力的實踐，融入日常一天當中非做不可的重複性事件。現代人花很多時間與科技相處，智慧型手機就是一例，既然這也是每天重複發生的事件，不妨就藉此機會來鍛鍊意志力與恆定力。以下是利用智慧型手機來練習的方式，看起來簡單，但絕對值得你一試：

1. **節制**：避免無時無刻地拿起手機。這是鍛鍊意志力的絕佳方式，將你鍛鍊了一天的意志力用在這裡，進而培養更多意志力。每當你的覺知從正在做的事情上移開，內心升起想拿起手機的欲望時，就請運用你的意志力，輕輕地、充滿愛意地，把覺知拉回到正在做的事情上。
2. **目的**：有意識地互動，而不是心不在焉。讓每次互動都有目的。拿起手機之前，先決定好你要做什麼。這樣能訓練自己有目的地去做一件事，有助於你釐清生活其他方面，甚至自己生命本身的目的何在。
3. **專注**：目的帶來焦點。挑選一個你想使用的應用程式，只使用這個程式。避免在不同應用程式之間來回移動，否則你只是在訓練覺知分心。試想海豹突擊隊的作戰方式：前往目的地、完成工作、離開。你使用那個應用程式不是為了交際，拿起手機後，請只做必要的事，結束後就把它放下。
4. **時間**：設定一個時間，以意志力讓自己謹守時間規範。例如我決定在一天的休息時間中，花五分鐘瀏覽 IG，在這段時間，我就只看自己追蹤的帳號，時間一到就放下手機。這需要意志力，你得讓覺知離開手機，關注不在手機裡的人和事。

5. **能量管理**：在社群媒體上，你必須意識到自己在做什麼、看什麼。如果你允許演算法主宰你的體驗，決定覺知的去向，就是允許它決定你的能量流向哪裡。演算法推播給你的內容可以給你能量，也會從你身上奪走能量，它還會擾亂你的思緒、剝奪你心靈的平靜、動搖你的覺知。請選擇你允許覺知看什麼內容、做什麼事。

歸根結柢，我們應該明智地、有目的地使用科技。如此，科技就能幫助你過有意義的生活。

心智之輪

心智之輪是指本能意識和潛意識在彼此交互作用下加強的心智模式。讓我們從分心談起。

當覺知在本能意識中漫無目的地遊蕩，潛意識就會產生一種鏡像模式。前文提到，潛意識會記錄發生在本能意識中的一切。當我們允許覺知從它應該關注的地方分心、在心智中漫無目的地亂遊蕩，便是在潛意識中強化這種分心的模式。一次又一次的重複，使得我們在潛意識中創造出「無論覺知要專注於哪件事，它都可以隨時離開」的模式。

當分心模式的力量強大到能影響覺知時，就是問題的開始。

舉個例子，某人在住家附近種了一株念珠樹，這種樹的果實可以做出印度僧侶和祭司佩戴的念珠。他很喜歡這棵樹，把它當做自家孩子般照顧，這棵樹也在主人的細心照料下長得十分高大。最後，其樹根延伸到屋內，開始影響房子的結構。現在，這棵樹像一頭不受控的野獸，主人的日常生活因為它而大受影響。

潛意識培養出的分心模式與這株樹無異。一旦它長到一個程度，就會影響覺知的心智之旅。當意志力無法充分掌握覺知，分心模式就會占據主導位置，讓覺知再度在心智中遊蕩。

之所以會形成這種模式，是因為覺知在本能意識中飄忽不定，在潛意識創造出鏡像模式，反過來影響了本能意識中的覺知。而覺知受到這模式來來回回地驅動，又加強了潛意識中的分心模式。最後形成一種惡性循環，一個我稱為「分心之輪」的迴圈，成天在練習分心的人就是在轉動這個分心之輪。一旦這個模式被創造出來又被強化，最終它就會強大得可以掌控一切，成為一個無止境的迴圈。

假設我走到冰箱前，打開門看裡面是否有東西可以吃，這並不會在心智形成模式。但如果我每天重複五次這個動作，日復一日、週復一週，那就會在我心智中形成一個強大的模式。即使我在辦公桌前工作，這種不斷增強的模式仍會驅使我頻頻起身走向冰箱，來回重複的行為強化了這個模式，於是形成惡性循環。

人們之所以難以集中注意力，原因之一是潛意識中的分心模式非常強烈，而且一直不斷加強，被模式本身和分心的重複行為給強化。

瞭解這點後，我希望你能開始謹慎面對自己不斷重複的行為，不管是有意識還是無意識的重複，這類在潛意識中長期形成的模式都很難改變。

你也必須注意自己允許覺知在心智的哪些地方遊走。因為所有體驗，無論你記得與否，統統會留在潛意識。如果這些體驗不斷重複，就會在潛意識中形成模式，反過來對本能意識中的覺知產生影響。

反覆聆聽悲傷的音樂，會讓覺知來到心智的悲傷區，創造出悲傷的模式，進而創造出巨大的磁場反覆將覺知拉回這裡，形成一個悲傷之輪。反之亦然。如果每天早上以冥想、正面肯定，或是閱讀頌揚高等心靈境界的經文來展開一天，你就會在潛意識中建立起模式，最終形成強大的磁場，吸引覺知來到心智中令人振奮的區域。一天下來，你會發現覺知被吸引到更高的意識狀態，並在那裡強化創造出的模式，一個提升之輪因此運轉。

專注之輪

當覺知不受約束地在本能意識中遊蕩，潛意識便會出現分心的鏡像模式，反過來掌控著本能意識中的覺知。

專注之輪的運作方式與此完全相同。如果你能保持本能意識中的覺知專心於其進行的活動，就會在潛意識中形成一種專注模式。要記住，潛意識會記錄發生於本能意識中的一切。接著，在潛意識中形成的專注模式，便會以專注的方式支配覺知，使覺知在本能意識中時，能保持專注。

覺知在本能意識中保持專注，會進一步在潛意識再度留下專注的印象，由此開展迴圈。但這一次不是分心的惡性循環，而是專注的正向迴圈。因此，在你無法掌控本能意識中的覺知時，潛意識也有辦法掌控你的覺知，並藉由根深蒂固的「專注之輪」創造出的專注模式，引導它專注。

以駕駛飛機來比喻。當飛機突然遭遇狀況，機師可以選擇手動駕駛或是繼續處於自動駕駛的狀態。

假設飛機就是你的覺知。如果你能掌控覺知，讓它處於專注狀態，你便是在手動駕駛飛機。如果你無法掌控覺知，就是環境或潛意識在掌控，那飛機就等於處於自動駕駛的狀態。因此，你無法控制覺知時，潛意識就會代替你掌控覺知的去向。倘若潛意識中形成的是專注模式，就會以專注的方式支配你的覺知；如果潛意識中形成的是分心模式，就會以分心的方式支配你的覺知。畢竟，自動駕駛儀只能以被設定的方式來控制飛機。

簡單來說，分心之輪和專注之輪的運作方式完全相同。區別在於一個是製造分心的模式，另一個是製造專注的模式。

培養恆定力，便是在你的潛意識中創造專注模式。這些模式將在一天中為你提供正面的服務，即使處於放鬆狀態，你的覺知也不會到處遊蕩，而是靜止在一個地方，因為潛意識中的模式具有專注的性質。

如果把覺知比喻成狗，在此情況下，這隻狗就是被訓練成要乖乖待在原地。當你帶牠去公園散步，走了一會兒後，決定在公園長椅上坐下，狗狗也會待在你身旁，不會自己到處亂跑。到這個時候，你已經成為恆定力的真正高手了。因為潛意識中的專注模式會使覺知在本能意識中保持專注。

此時，專注將變得毫不費力，因為它已經成為覺知預設的習慣。覺知會始終處於專注狀態，很難分心。最後，你會發現自己整天都處於專注狀態，在每一個體驗中都身在當下，福至心靈。

關於專注的幾件事

探討心智和專注時，有幾個方面值得我們思考。

智慧

接受上師培訓的那些年，他有一條要我們明白且時時謹記的規定——「讓智慧成為唯一嚴守的信條」，他要我將此信條應用在生活各方面。同樣地，辨別何時以及如何在生活中應用本書的方法和教義時，永遠需要你的智慧。

他將智慧定義為**在適當的時機應用所學，時機就是一切**。知識本身無法產生任何作用，除非能在適當的時機以適當的方式應用所學，得到正面的結果。唯有如此，知識才能產生影響。

許多人認為獲得知識這件事就是學習和成長，並不是。知識不過是意味著你收集了很多資訊而已。在適當的時機適當地應用，才能展現一個人對知識的掌握程度。

例如，在〈恆定力〉那一章，我建議大家練習一次只做一件事。這並不表示你在開車時不能與身旁的乘客交談。如果你遵循「讓智慧成為唯一嚴守的信條」，就會善用智慧來決定自己應不應該與人交談。智慧會引導你在車潮洶湧的十字路口安靜不說話，但在寬敞無車的道路上行駛時，就可以輕鬆交談。智慧還能對所有駕駛情況採用一般通則：開車時不適合進行嚴肅或情緒化的談話，因為會使覺知無法專注在開車上。

讓智慧成為唯一嚴守的信條，引導我們在生活中應用書中的一切教義。

解放覺知

練習一次只做一件事，是否意味著我們絕不允許覺知漫無目的地遊蕩？我偶爾會躺在客廳地毯上，告訴自己接下來的十五分鐘，要來幻想一下哥斯大黎加心靈庇護所的花園應如何設計。我會讓覺知在花園裡的各個心智領域之間遊蕩。

有些時候，我只是躺著，讓覺知在固定時間內到處遊蕩，並觀察它在心智中的去向。這麼做很有趣，因為在那當下占據我心中的事件或潛意識中尚未解決的事件，常會在這時候跑出來。重點是，這段時間是固定的。為這段精神漫遊設定一個有限的時間，能確保覺知不會永無休止地遊蕩，以免成為主導模式。

還有些時候，我也會騰出十分鐘去瀏覽社群媒體或上網，讓覺知進入一段旅程，如同看電影時那般。但如果我在上網時，發現覺知被帶往我不希望它去的心智區域，我便會用意志力捉住覺知，把它帶回我想要它去的地方。

我很保護覺知的去向，學會引導覺知是一項值得耕耘的練習。

我們的最終目標是確實掌控覺知在心智中的去向，但在一個受控制的情況下，讓覺知放鬆片刻是可以接受的。就像你帶狗去公園散步，如果有圍籬，那麼不妨放開狗鍊讓牠跑跑。當然，你不會在沒有圍籬的地方這樣做，天知道小狗會不會跑去大馬路。同樣地，請運用智慧判斷何時能讓覺知脫離意志力的束縛。

我和信任的朋友聊天時，就會讓覺知擺脫束縛。因為我知道覺知不會被引導到我不希望它去的地方。然而，若是與陌生人交談，我就會注意自己的覺知被帶往何處。如果覺知被帶往心智中的不健全區域，我會隨時準備把它拉回來。

愛、紀律和幸福

「愛催生了專注的紀律」，這話是什麼意思？

當你愛著某樣東西，自然會希望花更多時間與它相處，這也適用於你所愛的人。而為了盡量享受與所愛之人、物相處的時間，你便需要恆定力。

有個人酷愛彈吉他，一天中會盡可能撥出時間來彈，對吉他的熱愛促使他在生活中建立紀律。他越有恆定力，意志力越強，就越能建立生活中的紀律，以便騰出更多時間彈吉他。

一旦成功抽出時間彈吉他，全神貫注的能力使他更能充分體驗彈吉他的樂趣，從而獲得最大的滿足感。同樣地，如果你愛一個人，想要盡量與對方相處，你的恆定力就會決定彼此相處的深刻程度。許多人雖然花時間與所愛的人在一起，卻沒能專注在對方身上，導致彼此並未產生深刻的親密感。

培養恆定力能使你更深刻而豐富地體驗所愛的人事物，連帶使你產生幸福感。

記住，**不是要「追求幸福」，而是設計一種生活方式，使其能為我們帶來幸福。**培養意志力和恆定力，能使你駕馭覺知，完全沉浸在你所設計的生活方式帶給你的體驗中。這樣的結果，便能使你體驗到幸福。

傾聽和理解

在人類的眾多特質之中，傾聽的能力正在逐漸消失。如果覺知無法長時間專注在一件事上，你如何能學會傾聽？如果覺知只能在一件事上停留七秒鐘，這便是你在分心前能傾聽的時間。

傾聽是與人建立關係的重要能力。多數人都不是很好的傾聽者，因為他們不斷地在分心，而這也容易造成人與人之間的誤會。一個人越是專注，就越能傾聽，從中收集資訊，對其展開思考，最終對他們的交談對象有更深的瞭解。

努力理解彼此非常重要，因為我們可以從中產生同理心，從同理心中產生同情，從同情中誕生愛，最後，在愛中誕生和平。我們不可能去愛自己不理解的東西，雖然可能有人不認同，但理解確實是培養愛的土壤。這裡再總結一下順序：**專注、傾聽、思考、理解、同理、同情、愛，最後是和平**。

傾聽還能使你獲取資訊，而擁有的資訊越多，就越有機會處理這些資訊，進而做出最適合的決定。身為一個企業家，這是一筆珍貴的財富。許多企業甚至特別專注於收集資訊，並利用這些數據實現巨大的成功和財富。

只要我們能全神貫注，觀察力就會變強，一個未曾想像過的世界將在我們眼前展開。

恆定力的產物

恆定力可以衍生出許多產物，每個都有其深遠的影響。其中最偉大的兩項是：**全神貫注以及觀察力**。現在，讓我們來深入地瞭解這兩點。

全神貫注

一天，天色猶暗，鬧鐘響起，我伸手關掉鬧鐘，伸了個懶腰，雖然腦袋依舊疲憊，但我的意志正在甦醒。我從床上坐起來，做了一系列與起床有關的儀式，接著走出小屋。我在小屋外的榕樹下站了一會兒，星星從搖曳的樹葉間探出頭。這是個沒有月亮的清朗夜晚，夏威夷的夜空總是星光燦爛。

空氣中帶著淡淡的涼爽感。我從小屋出發，穿過一片果樹，沿著顛簸的小路來到寺院主樓洗澡，為當日的工作更衣。洗完澡後，我通常會回到小屋，在僧侶們集合晨禱前進行晨修。

返回小屋的途中，我注意到上師辦公室的燈亮著，於是決定去看看他。走進辦公室，穿過桃花心木廳，他以一貫的方式迎接我。我在他面前跪下，起身，走到他對面的椅子。偶爾會有其他僧人在場，但有時只有我們兩個。

當天只有我們師徒倆，與上師一起相處的時間，對我來說十分寶貴。我們會靜靜地坐著，偶爾談話，無論哪種方式，我都會接收到他無微不至的關注，這種關注是無條件的。他的恆定力以及對覺知的掌握都無與倫比。他的全神貫注默默地表達著他對我的愛，比任何語言都更響亮、更清晰。在他面前，時間似乎放慢了速度，被拉長了。在這樣絕對專注的狀態下，我體驗到每個剎那的永恆。

驚人的恆定力使他完全處在當下。他不用言語就告訴了我，我對他來說很重要。他關心我，重視我說的話。這是個不可思議、令我充滿力量的經驗。我永遠無法以語言表達他那種氣場。無數個早晨，我都是這樣和他一起度過。

離開修道院二十年後，我和女兒在哥斯大黎加心靈庇護所的溼婆神廟，一塊坐在野餐墊上。陽光穿過雙羽狀的皇家海棠樹葉，照在我們身上，我們父女倆享用著牛角麵包和果汁。我女兒已經滿三歲了，打從她出生的那一天起，每次相處我總是全神貫注。在體驗過無數次上師對我的全神貫注之後，我怎能不給她相同的體驗？專注在許多方面改變了我的生活，我確信也能改變我孩子的生活。

我給予配偶、家人、員工、朋友及其他人全心全意的專注，這是我對他們表達愛和尊重的最高表現。

當我全神貫注在你身上，我便是在告訴你，我在這個世界的有限時間和精力，可以給予不同的人事物，但我有意識地選擇把最這寶貴的資源給你，以此表達我對你的關心，你對我來說很重要，你說的話對我來說也很重要。

當我全神貫注在你身上，我也是在告訴你，我重視你有限的時間和精力。我意識到你也做出相同的選擇，把你最寶貴的這兩項資產交給我。你從我這裡得到的全神貫注，部分是要對你回饋給我的寶貴時間和精力表示感激。

他人對你說話時，請全神貫注地傾聽。如何做到這一點？將覺知集中在他們身上。如果你的覺知，那個發光球體飄走了，請你輕輕地、充滿愛意地把它帶回來，如果它又飄走，就再把它帶回來。持續堅定不移地這樣做，直到覺知被訓練得能夠專注在一件事上，不會輕易動搖為止。這是練習專注的方式，讓你學習如何全神貫注在某個人身上。

給予某人你的全部注意力，是愛和尊重的最高形式表現。

對分心零容忍

大約兩千年前，南印度織工聖人提魯瓦魯瓦（Tiruvalluvar）以下面這句箴言，概括萬物的無常：「對瞭解時間重要性的人來說，一天儘管微不足道，卻宛如一把鋸子，將一刀刀砍倒生命之樹。」

當你充分瞭解生命有限，人終將死亡，就會決定對分心採取零容忍的態度。時間是給我們所有人的恩賜，而如何使用它完全是我們自己的選擇。

對分心零容忍，是為了對時間寶貴展現敬畏之意，也展現了我們對生命中重要的人和事的愛。**當我們把生命的一分鐘交給分心，便等於是剝奪所愛的一切（包括自己）的一分鐘。**

決定離開夏威夷寺院還俗後，我把紐約當作新家。在這個城市住了幾年後，某天，我約了人在城裡一家咖啡館見面。我清楚記得，那天我們選了一張桌子坐下、點完餐，開始交談。他每隔幾分鐘就伸手拿起桌上的手機看。

情況持續了三十分鐘，這時我意識到自己已無法挽回失去的每一刻。我完全不想見到他不斷拿起手機又放下。

我用堅定的語氣大聲喊他的名字，喚起他覺知的注意，然後看著他說：「你現在需要做一件事。要麼把電話拿開，不再看它，或者現在就結束會面，讓我離開。你在我們相處時不斷看手機，這對我來說絕對是浪費時間和精力的事，而且很不尊重人。我讓你決定接下來要怎麼做。」

我從他臉上看到了措手不及的反應。不過，他也很快地恢復鎮定，謙虛地說：「你是對的，我很抱歉如此心不在焉。這次的見面對我來說很重要，我會把手機收好，努力做到完全在場。」

那次的事讓我提出了對分心零容忍的方針，也就是**拿出勇氣制止分心的行為，態度要和善但堅定**。畢竟我們沒有理由不和善。為了將這種對分心零容忍的態度完全融入生活，我得費一番工夫，至今我仍很努力這麼做，因為隨著時間過去，我容忍分心的門檻變得越來越低。

身邊的人都知道與我相處時，他們要全神貫注。不是因為我需要被關注，而是我要清楚表明，我珍視自己的時間和精力，正如我珍視他們的一樣。我一生的時間有限，如果你想取得某一部分，就請不要揮霍。請以最大的尊重來對待時間，給予我全部的注意力，因為時間這把鋸子正一刀刀砍倒我的生命之樹。

當你開始走上全神貫注之路，你必須讓親近的人知道，自己正在努力學習恆定力的藝術，在一切的互動中處在當下。你還可以分享自己選擇這麼做，是為了向他們表達愛與尊重。

另外，你也要向他們解釋什麼是處在當下以及如何去做。譬如在每次的互動中和善但堅定地請他們收起手機，讓你們都能給對方全部的注意力。

觀察力

觀察是超意識覺醒的第一個徵兆。——古魯德瓦

觀察是專注狀態帶來的好處。你越專注，就越能培養觀察力。在健身房持續練舉重，久而久之就會練出肌肉，這是舉重帶來的好處。同樣地，你越是培養恆定力，你的觀察力就會變得越敏銳。

什麼是觀察？《韋式字典》[2]對觀察的定義是：「仔細察看和傾聽的行為：密切關注某人或某事以獲取資訊的活動。」上師經常把觀察稱為「山頂視角」，因為可以觀察山腳下發生的一切。

以一個簡單的比喻來說明山頂視角。試想你和朋友在家觀看足球比賽的電視轉播。一名球員帶著球奔向球門，如果他把球傳給某個位置極佳的隊友，球隊便有機會進球。客廳裡每個人都喊著：「把球傳給他！」結果他反而把球傳給了另一個人，而這人並不在進球區的最佳位置。這讓每個看比賽的人雙手抱頭哀嘆：「笨蛋！錯失一個大好機會。」

為什麼你們可以比簽約金百萬美元的專業球員做出更明智的決定？這就

---

2. 由美國學術和教育之父諾亞．韋伯斯特編撰的字典。

是觀點問題。儘管球員很有天賦，他還是只能看到自己前方的視野。而你是從球場上方的轉播鏡頭觀看比賽，所以能從山頂視角看著球場的一切。這個有利位置讓人更容易看到絕佳傳球點。

同樣地，衛星環繞在地球之外的高空所保持的山頂視角，也會比你在車內觀察到的多許多，因此衛星導航更能告訴你前方有什麼。

如同足球場的攝影機和環繞地球的衛星，隨著你的恆定力增加，觀察力提高，你將蒐集到更多資訊，也就越能夠做出更好的決策。不過，做出更好決策的能力不是只基於你擁有多少訊息量，還取決於你能否明智地處理這些資訊，並在適當的時機加以應用。

觀察力讓你更能看到生活中的陷阱和機會，但這並不表示你一定能捉住機會或避開陷阱。我就曾觀察到自己生活中的不少陷阱，仍不免陷入其中，這與潛意識中的模式需要調整有很大的關聯。儘管如此，觀察力依然能提供你無數的可能性，由此引導出更好的結果。

問題本身並不是真正的問題，只是需要調整潛意識中的模式。——古魯德瓦

要調整潛意識中的模式，第一步便要觀察。你無法改變沒有觀察到的事，這又是一個學習恆定力如此重要的原因，它能幫助你變得更具觀察力，使你看到潛意識中需要調整的模式，並展開調整過程。

觀察有助於我們看見事物全貌，因而能在生活中做出更好的決策。當我能做出更好的決策，我也就能得到更好的結果，其中一個附帶好處便是帶來幸福感，因為我創造出了使自己感到幸福的生活方式。由此可見，觀察力的確是恆定力帶來的巨大好處之一。

破除你對恆定力的誤解

一般人對專注不夠瞭解，因此有許多誤解。這些誤解導致人們對其產生偏見，不明白在生活中培養專注的重要性。我將在此澄清其中一些誤解，重新調整人們對專注的理解。

令人疲累

有人曾對我說：「整天專注要耗費很多精力和心力。多累人啊！」

我說：「整天分心要花費多少心力和精力？」

他毫不猶豫地回答：「完全不需要。我可以毫不費力地分心一整天。」

「這是因為你的潛意識已經用多年時間養成分心的模式，你成天都在練習分散注意力，因此分心這件事你已經得心應手，也就不會覺得疲累。同樣地，對接受過專注訓練的人來說，他已經在潛意識中打造出專注模式，他的覺知就會受意志的支配，就算整天處於專注狀態，他也不覺得費力，更不用說疲累。」

沒接受過專注訓練的人容易覺得長時間集中注意力很累人。要求你的心智去做沒有根深蒂固的模式或未經訓練的事，自然要耗費更多精力。

園藝師可以連續數小時修剪樹木，因為他的肌肉已經非常熟練這項工作需要的動作，但對第一次做這項工作的人來說，體力會明顯感到不勝負荷。心智也是如此，對任何不善專注的人來說，他們得要耗費更多精力去專注，所以才容易感到身心俱疲。

值得一提的是，對專注的人來說，與一個容易分心的人在一起才是真的累人。跟隨他人的覺知不斷在心智區域來來去去，令人疲於奔命。專注的覺知被要求去做令它不習慣的事，也難怪它疲憊不堪。而當覺知到處遊蕩，能量也分散各處並大量流失。

可能錯過人生

還有人告訴我：「我不想太專注，以免錯過人生中的一切美好。」

人們常常認為，專注會使視野變得像隧道般狹窄。確實，覺知專注時只會鎖定在一件事情上，但你現在已經知道專注會催生觀察，所以專注讓人錯過人生美好的說法並非事實。實際上，專注會使你更有意識地去覺察生活中的一切，意味著你更能體會生活中的美好。

把一切阻擋在外

我們常聽到運動員說：「我要把一切阻擋在外，專注於比賽。」讓我們分析一下這種說法，要阻擋一樣東西，意味著覺知必須轉向這樣東西。

以美式足球的防守後衛為例，他的任務之一就是阻止跑者越過防守線。為了「阻擋」對手，他必須主動追著對手跑。如果後衛只有一人，那他就得追著每個進攻球員跑，來一個擋一個。同樣地，假如把你的覺知比做後衛，「把一切阻擋在外」就表示覺知必須追著每樣東西跑，來一個擋一個。本質上來說，那樣根本無法專注。

訓練自己瞭解心智如何運作非常關鍵。只有確實瞭解覺知和心智的運作方式，才能知道如何正確使用術語，進而更深入瞭解心智。這也是為什麼我在前面的章節中花了很多篇幅來說明。

如果運動員說：「我要全神貫注於比賽。」那會好得多。那表示他觀察著發生在周圍的事，但他的覺知並不捲入其中，而是完全專注在比賽裡。

在達到專注的道路上，你不須把任何事阻擋在外。

喜悅不再

想像某人正專注在一件事情上，我們的腦海中可能會出現這樣的畫面：這人正瞇著眼睛、皺著眉頭，臉上帶著凝重的表情，鎖定在某件令他屏氣凝神的事上……我們很難相信這個人處於放鬆狀態。

反之，想像一個處於放鬆狀態的人，我們腦中可能會浮現這人漫步在沙灘上，伸展著雙臂，享受吹拂在臉上、頭髮上的風。從這個畫面，我們不難得出結論：他看起來既自由又無憂無慮。

如果把這兩個畫面放在一起，人們就會想「我想享受人生，不想過專注的生活。我希望感覺放鬆和快樂，而不是一直處於專注的嚴肅狀態。」

這種誤解同樣源於人們對專注的不瞭解。一個接受過專注訓練的人，並不會一臉嚴肅地皺著眉或瞇著眼，因為專注是一種自然的心智狀態，不費吹灰之力就能做到。他可以在放鬆的同時專注。因為專注，所以他對生活中的每一件事和每一個人都給予充分的關注，使他能充分體驗每一次的互動，從而感到滿足、喜悅和幸福。

正念與專注不同

「正念」一詞在我心中引起的反應，就像聽到指甲刮過黑板的聲音般，令我煩躁。這個詞受到嚴重扭曲的程度，比地鐵站旋轉閘門的旋轉次數還多。在此，我將控制好情緒，引導我的覺知專注討論這個話題。

首先定義何謂正念。《牛津英語詞典》將正念定義為：「透過專注於當下達到的一種身心狀態。」仔細研究這個定義會發現，正念其實是專注的附屬品，是因專注而產生的狀態。

《韋氏字典》則將正念定義為：「每一刻都保持在非評判狀態，高度或完全意識到自己的思維、情緒或體驗的實踐」。我試著簡化這個定義並保留其含義和用詞，**正念是「都對自己每一刻的體驗保持完全覺知的狀態」**（請注意，我所說的「覺知」與他們所說的「意識」不同）。

根據上述定義，我可以推論，如果能把覺知集中在一件事情上足夠長的時間，我便能意識到（帶出正念或觀察到）自己所關注的事。

因此，正念不是靠練習而來，觀察力也不是。反之，我們要做的是練習專注，正念和觀察都是覺知在專注訓練之下，長時間集中注意力所產生的心智狀態。換句話說，專注是體驗正念與觀察這兩種狀態的必要條件。**專注催生出正念的狀態，沒有專注就不會有這種狀態**。

一個人心不在焉，覺知不受控地從一件事跳到另一件事，如何「對自己每一刻的體驗保持完全覺知的狀態」？根本辦不到。要求心不在焉的人練習正念，是出自於對正念的無知。

對他來說，首先必須做的是練習專注。能長時間將覺知保持在一件事情上，才能充分意識到那一刻的體驗，進而體驗到正念或觀察力。

同樣地，你不會練習快樂，而是體驗快樂，這是一種心境。快樂是你擁有的一種體驗，是情緒處於特定心智領域而帶來的情緒。

因此，我們不應要求人們練習正念，而是要請他們練習專注。**透過專注而達到的心智狀態才是正念**。這才是對「正念」一詞的正確使用和理解。

失去多工處理的好處

完成多項工作的捷徑是：一次只做一件事。——沃夫岡・阿瑪迪斯・莫札特（WOLFGANG AMADEUS MOZART）

多工處理如同分心，一樣是專注的對立面。想理解多工處理，我們最好先對這個詞做出定義。

《韋氏字典》將多工處理定義為在同一時間內完成多項任務。《牛津詞典》則是指人有能力「同時處理一個以上的任務」，或是電腦有能力「同時執行一個以上的程式或任務」。這些都是對多工處理的清楚定義。

一個人從事「多工處理」，表示他的覺知在兩件事情之間來回移動，因為它不可能同時處於兩個地方。

假設某人一邊開車一邊講電話，他的覺知便會在談話和開車之間來回移動，這樣不僅危險，還格外耗費時間和精力。由於覺知到哪裡，能量就流向哪裡，多工處理的結果會導致能量耗損。

試想覺知是一輛汽車，汽油是能量。車子在兩個相鄰城市間往返，會比它只在同一個地方打轉消耗更多的油量。覺知也是如此，在兩件事情之間來回移動會消耗更多的能量。覺知得要與A短暫接觸，然後脫離A再與B接觸，與B短暫接觸後又要與脫離B，再重新與A接觸。當覺知要重新接觸A或B，就得重新接上之前中斷的對話或活動。過程中，覺知要不斷來回移動，消耗大量能量，生產力和效率會因此急劇下降，遠低於保持專注狀態所能達到的水準。

許多人在進行多工處理時，總會幻想自己的工作效率很高，完成了很多工作，但其實反而浪費了兩大寶貴資源——時間和能量。

我對多工處理及其對人影響的觀點，都不是來自科學或生理學研究，而是來自對覺知和心智的內在體驗。如果有興趣閱讀多工處理的相關科學文獻，你可以上網搜索。你會發現許多神經學和心理學的資料都指出：「多工處理」不過是則神話。

第四部

心智的萬靈丹

第9章

心智的四個仇敵

練習處在當下

無法掌控心智，便容易出現許多弊病。倘若我們對覺知和心智有透徹的瞭解，並懂得駕馭覺知在心智中的去向，便能掌握、甚至克服這些弊病。本章想探討心智的四個敵人：憂慮、恐懼、焦慮和精神壓力。

在討論這些弊病之前，我們必須先學習覺知的一個關鍵應用之道：**處在當下**。我將以某企業家分享的故事展開探討。

「我們乘坐一艘私人小艇穿過蔚藍的大海，前往一個偏遠的島嶼，當我從手機上抬起頭來，我發現妻小們正完全沉浸在這趟我準備的驚喜之旅中。那一刻，我意識到自己在過去的十五分鐘裡，一直盯著手機螢幕。」這位企業家失望地告訴我，他對自己沒能置身其中感到懊惱。他感歎地說：「我永遠失去了那段本應與家人共享的體驗。」

人的一生，大部分時間汲汲營營於工作，以獲得享受諸多體驗的機會，比如與朋友在小吃攤小酌、乘坐私人遊艇出遊等。**無論是哪種體驗，你能從中獲得什麼，取決於你處在當下的能力**。可惜許多人煞費苦心地顯化了獨一無二的體驗，卻被自己的心不在焉揮霍了。

覺知完全專注在人、事或體驗上，就是處在當下。處在當下與處於專注狀態是一樣的。如同正念，我們毋須練習處在當下，而應該練習專注。當你展現恆定力，就會專注於眼前的人或事，這便是處在當下。

要求他人處在當下是錯誤的。更精確的說法是請他們要學習專注。處在當下，當你能夠確實掌握覺知、心智、專注等概念，處在當下的重要性自然毋須贅言。

你是否有過這樣的經驗：在與某人交談時，對方注意到你似乎心不在焉，於是問你：「你還在嗎？」而你的回答通常是：「我在。」

根據本書的脈絡，其實這時對方應該是在問「你的覺知去哪了？」他知道你人就在面前，但儘管身體存在，你的覺知早已離開，因此，你沒有處在那當下。

如何知道某人沒有處在當下？請思考幾分鐘，看看能否根據前面所學說出答案？

答案是你無法感受到他們的能量。還記得我的上師說過：「覺知去哪裡，能量就流向哪裡。」如果某人的覺知從你身上移開，能量也就跟著流向別處，你也就感覺不到他們的能量流向你。因此，即使他們對你說的話下意識地頻頻點頭，你仍知道他們沒有專注於談話，沒有處在當下。

我希望現在的你已經明白為什麼培養專注與恆定力如此重要，它是我們努力在生活中培養的眾多特質的核心。

剎那的永恆

身處當下或活在當下的關鍵是對時間有基本理解。簡化來看，時間分為過去、未來和現在（當下）。覺知隨時都能處於其中任一部分。

當覺知迷失於過去，你會發現它在翻找從你降生在地球後就一直被收集、儲存在潛意識這個博物館裡的回憶。與多數博物館不同，潛意識是強迫型的記憶囤積者，除非受過有組織的訓練，否則這些記憶是各種體驗、習慣模式等的大雜燴。

當覺知沉浸在過去的記憶，你可能會聽到自己說：「還記得那年冬天我們在布拉格喝的熱紅酒嗎？我第一次聽說且喝到熱紅酒！」這段話證實了覺知的所在之處。儘管過去的經驗提供了我們許多見解和教誨，讓人能做出更明智的決定，從而創造更美好的未來，但很多人花費太多時間沉溺於過去，以致在不自覺中允許唯一真正重要的時刻——當下，悄無聲息地溜走。

當覺知前往未來，你可能會聽到自己說：「希望下週的吉隆坡之行快點到來，我準備好要大快朵頤了，我一定要去吃印度煎餅。」這段話同樣證實了覺知在時間中的位置。

當覺知花費大量時間沉浸在對未來天馬行空的白日夢中，失望、悲傷和憂鬱可能會隨之而來，因為這是心智的幻想，並未顯化在物質世界裡。儘管對未來的想像是顯化心中念頭的重要一步，但要顯化未來，就要從當下做起。**未來的創造，來自此時此刻**。

倘若你是在有意識、有想法的情況下，允許覺知前往過去或未來，這絕對沒有問題。重點在於過度沉溺有害無益。有些人花費很多時間規劃，卻沒能好好將計畫化為當下的實際行動；有些人總在回想美好或惱人的過去，殊不知生活正不斷地向前推進。如果你善於觀察，你便能從某人所說的話，看出他的覺知在時間的哪個部分。

有些人則總是活在當下，堅定不移地專注於手上的事。他們是創造者、顯化者、領導者。他們清楚知道，所有願景皆來自於當下的創造，在剎那創造的永恆之中。

上師費了一番力氣，才將「當下即是唯一現實」的道理灌輸到我腦中，他的方法會根據他要打動我的哪一層心智而變化。以下分享一個小故事。

某天，我結束日常工作時，已經過了規定要停下工作的傍晚六點。此時電話響起。

「丹達帕尼。」耳邊傳來古魯德瓦的聲音。

「嗨，古魯德瓦。」

「我想讓你搬到風鈴森林。」那一刻，許多想法在我腦海中飛馳。

風鈴森林是一處占地五十一英畝的寺院林地。我得先穿過一條無橋小溪，走一條樹林中人跡罕至的小路，才會抵達上師要我入住的那間簡陋小屋。

小屋的形狀是個半圓柱體，宛如被水管縱向剖開的水管。以木頭搭成，搭配鐵皮屋頂，搭建在約三英尺高的四根木柱上，約三英尺寬，七英尺長。弧面的牆壁釘有金屬薄板。入口是以木門框包住鐵絲網，讓空氣流通。另一端連接著一面固定嵌板。

屋內僅容一個人可坐，頭距離金屬板屋頂大約三英寸，金屬板以椽木條固定。這個約莫二十一平方英尺的夏威夷住房將成為我的新居，因為我剛剛接到指示，要搬離之前一百平方英尺的大平房，入住這裡。

我緩緩回答：「好的，我明天早上就搬進去。」暮色很快降臨，我不想入夜了還在森林裡行走。

古魯德瓦卻說：「你現在就去。」

「但是天快黑了，」我試著推拖。

「你有手電筒不是嗎？」

我們之間的談話就這樣結束。掛斷電話後，我放下手邊正在做的一切，把身為僧侶的少數物品打包好，準備搬遷。

對我來說，這是個絕佳的學習經驗。我們經常會拿各種原因拖延應該在當下完成的事。就這個例子來說，搬進森林小屋不但讓我感到不舒服，甚至有點恐懼。古魯德瓦要我即刻採取行動，是有意將我的覺知帶到當下，直接面對不舒服和可能的恐懼。他要我馬上動身而非隔天再完成這件事，是要讓我明白顯化的關鍵：**未來就顯化在此時此地，不容推遲或等到明天。**

那天晚上，一隻壁虎從牠的床（椽木）滑了下來，掉到我胸口。我還沒來得及反應，牠便竄過我的臉。我忍不住要問：如果有個和尚在森林裡尖叫，但沒人聽到，那他要叫嗎？儘管如此，在這棟小屋生活的幾個月帶來的收穫，遠比我想像的要多。

儘管當下即是唯一的現實，我們最終仍須靠智慧決定要不要在當下做某件事。

在此做個總結。首先，我們必須知道覺知和心智是截然不同的東西，覺知可以在任何時刻遊走於過去、現在或未來。而為了使覺知保持在當下，你必須使用意志力和恆定力，將覺知放在它的對象或它該做的事情上。這樣做可以確保你活在當下、完全在場。

恆定力使我們能活在當下，充分體驗生活的一切。生命活得圓滿，沒有任何一刻浪費。

仇敵①憂慮

長久以來，憂慮和恐懼都是心智的瘟疫，剝奪人心的平靜，洗劫能量，成為許多人心中不受歡迎的釘子戶。這些心智水蛭非常難驅逐，多數人最終都不得不接受它們成為心智的同居者。

如果任其肆意發展，它們便會成為可怕的毒藥，從我們的心智、身體、我們每天接觸的人，滲透到生活的每個部分，帶來可怕的後果。它們會削弱意志、麻痺覺知，使生活變得緩慢乃至停滯。我們不能默許它們的存在、成為其奴隸卑微地生活。有一種妙方可以改善這種心智弊病，將心智從恐懼和憂慮的桎梏中解放出來。

掌握覺知在心智中的去向便是絕佳藥方，它是結束這種長久暴政的靈藥，且所有人都有機會獲得。然而，並不是所有人都能下定決心取得它，因此很不幸地，它只掌握在少數有決心的人手中，這些人，也是勇敢推動人類前進的靈魂。

在考艾島東岸的一個古樸村莊，我們把車停進停車格。當時我正陪古魯德瓦和一位年長僧侶去遊覽。下車後，我們前往市中心。途中古魯德瓦轉頭對我說：「當你處於本能意識中，就必須遵循本能意識的規則。」

憂慮是本能意識的眾多子嗣之一。當覺知來到本能意識，你便暴露在憂慮的體驗中，如果花很多時間處於這樣的意識，便可能體驗到憂慮。然而，你受憂慮的影響有多大，將取決於你對覺知的掌握程度。

儘管許多人對憂慮不陌生，但我們還是要為憂慮做出定義，才能以相同的認知幫助我們使用本書所學來克服憂慮。《韋氏字典》將憂慮定義為：「通常是擔心即將發生或預期發生的事，因而產生苦惱或煩躁。」《劍橋詞典》的定義更是簡單明瞭：「考慮到可能發生的問題或不愉快的經驗，使你擔驚受怕」。

在此，我要分享一則上師的小故事來闡述何為憂慮。一九三四年，上師和住在北加州落葉湖區的家人開車返家。當時大雪紛飛，他忍不住擔憂起來。「如果我們被困在雪中怎麼辦？如果無法及時趕回家呢？我可能會錯過最喜愛的廣播節目。」他擔心著。

此時，他觀察到發生在自己心智中的事。他看到自己的覺知離開當下，進入未來，創造出汽車深陷雪地的情景。創造出這個情景後，他的覺知返回當下，帶來憂煩。心智創造的情景使他因此苦惱煩躁。

觀察到這一切，他反問自己：「我們被困在雪地了嗎？」他喃喃答道：「沒有。」接著，他又問自己：「要回家聽我最愛的廣播劇，是否還來得及？」他回答：「可以。」

在這個頓悟的時刻，這名年僅七歲的男孩認知到，他在當下，而一切安好。他意識到在剎那的永恆中，一切平安無恙。他的擔心是來自未來。他看到覺知進入未來，創造出並未發生的情況，返回當下後開始擔憂起來。這就是憂慮的起因。

他的經歷讓我對憂慮有了再清楚不過的理解。它立即驅走了我許多憂慮，也從此改變了我對憂慮的看法。我看到它的真面目：不受控制的覺知在未來幻化出故事，導致當下產生苦惱。

當我觀察到覺知進入未來，在心智中創造出令人憂慮的情境，我便會用意志力把覺知拉回當下，用恆定力把覺知保持在當下。這裡的意志力來自多年來我有始有終地完成工作、做得比我預期的好、再多做一點……由此鍛鍊出來的能力。這是我每天整理床鋪、擺好鞋子、清洗碗盤，在日常一天中透過許多非做不可的重複性事件培養出來的意志力。

我召喚出每天致力培養的意志力，發揮它的作用，避免自己陷入憂慮之中。光憑這點，就值得我們努力培養意志力，儘管這不過是意志力的其中一個用途，但我希望此刻你能看到意志力在避免憂慮上的重要影響。

將覺知從它即將創造的憂慮中拉回當下後，我會再用恆定力把它保持在

當下。這正是我多年來不斷培養的恆定力，透過全神貫注在配偶、女兒以及所有與我接觸的人身上，以及一次只做好一件事所養成的能力。

我召喚出每天致力培養的恆定力，將覺知保持在當下，防止它走向未來，創造出不必要的惱人情境。

每當你開始擔心憂慮時，不妨觀察心智中發生什麼事。觀察覺知是否離開了當下，進入未來。觀察它如何編造故事，製造各種情境來令你憂心。這時，請使用本書提供的方法來克服憂慮。首先，你必須知道覺知和心智是兩種截然不同的東西。接著，你要瞭解覺知會移動，但心智不會。然後，你要培養意志力和恆定力，以駕馭和引導覺知在心智中的去向。如果覺知進入未來，在心智中創造出令人擔憂的情境，就用你的意志力把它拉回當下，用恆定力把它保持在此刻。這便是將憂慮從生活中消除的方法。

未來和過去

我並不是說不該讓覺知進入未來，創造出負面的情景。想像負面情景有時是有幫助的，因為它能讓我們為可能出現的潛在問題找出解方。

假設你是一家新餐廳的老闆，餐廳的設計藍圖已經完成。為了確保一切都設想周全，你讓覺知進入未來創造潛在的問題。在你想像的畫面中，週五晚間的餐廳熱鬧非凡，但這時你看到廚房發生了火災。你停止想像，把覺知帶回當下。

覺知返回當下後，你開始向專家諮詢尋找解決之道，以確保真的發生火災時有辦法處理。因此，儘管你允許覺知進入未來帶來負面想像，但這不會對你的心智造成困擾，反而能透過想像問題來尋找解決辦法，這與覺知來回進入未來重複經歷問題，卻不去尋找解方不同。

另一方面，過去不是憂慮的所在。你不該擔心過去發生的事，因為它已經發生了，你無從改變它。但是，我們確實可以擔心過去的行為所帶來的後果以及即將顯化於未來的影響。

假設你從一間店裡偷走一支名貴鋼筆。幾天後你與朋友交談時，發現這家店一個多月前就安裝了先進的保全系統，諸如隱藏攝影機之類。這使你的覺知不安，進入未來想像老闆可能會查看監視錄影畫面後報警，導致你被捉。創造出這個故事後，你的覺知返回當下，開始擔心故事將會成真。

不久後，你的覺知又進入未來，在心智中創造出另一個可能發生的情景，增添更多憂慮。每當覺知想像出一個故事，就會令你憂心苦惱。這種反覆發生的情況，使你沉浸在一個憂慮不斷的世界。

過去沒什麼可擔心的，未來則是憂慮不斷滋生的所在。

憂慮的顯化

憂慮是指覺知進入未來，在心智中製造一個並未發生的問題，返回當下後，便開始為這個問題苦惱。如果覺知反覆造訪心智中困擾你的問題（這本質上便是憂慮的行為），不停的造訪就會不斷加強這個問題。因為每當覺知來到這裡，能量便會流來這裡，心智中的問題就會不斷被強化。

上述的一切，會先在心智層面顯化出來，接著顯化在物質世界中。你若允許覺知前往心智中的未來創造出負面想像，就會在心智層面顯化出憂慮。而如果覺知反覆造訪這個問題並帶來能量，那就會強化這個問題。注入這個心智模式（憂慮）的能量越多，問題就越大。隨著時間過去，不斷重複的過程將使憂慮具體出現在生活中。

離開寺院不久，我在紐約市成立我的第一個工作坊，我在工作坊裡談到事物會先在心智層面顯化，再顯化於生活中。工作坊結束時，一名男子走過來，對我說他不相信心智能顯化事物。

我問他：「你的職業是什麼？」

他回答說：「我在華爾街買賣股票。」

我對他說：「你能不能為我做個實驗？我要你在心裡想像並感覺你的投資

失利，損失幾十萬美元。我要你每天至少做七次這樣的練習，持續一個星期。你願意嗎？」

他看著我，臉上沒有任何表情，說：「我不願意！」

心智能否顯化事物，其結果再清楚不過。如果覺知被允許反覆進入憂慮的狀態，最後憂慮就會具體呈現在我們的生活中。無論我們在心智持續注入的東西是正面還是負面，最後都會開始在生活中顯化。

仇敵②恐懼

恐懼是通往低階情緒的門戶，是本能的最高意識狀態，因此也是通往所有負面情緒的大門。如果憂慮是個暴徒，那恐懼就是黑幫老大，掌管著所有恐嚇心智的低階情緒。

仔細觀察，我們會發現恐懼其實和憂慮一樣，都是覺知進入未來的結果，它在心智中創造一個尚未發生的情況，返回當下後便產生恐懼。請容我進一步說明。

某個漆黑的夜晚，妳獨自走在一條昏暗無人的街道上，高跟鞋踩踏著路面，那是唯一打破這詭異寂靜的聲音。天氣很冷，妳把雙手交叉在胸前，搓著裸露的雙臂，不知道是因為害怕還是冷。

妳的覺知在心智想像自己走到前面大約五十步的一輛報廢汽車旁。一個場景突然躍上腦海：一個衣衫不整的男子從車子後方跳出來，向妳撲過來。畫面還沒結束，妳的覺知就迅速回到當下。方才想像的場景還歷歷在目，一股寒意竄上背脊，恐懼籠罩著妳。於是妳放慢步伐，小心翼翼地向前走。

此刻妳經歷的恐懼，引發了潛意識中的一段有相同頻率的記憶。妳的覺知被吸引到以前看過的一部電影。電影中，女子走在漆黑的街上遭到喪屍攻擊，被咬得血肉模糊。觀看那一幕的恐懼感在此時被重新點燃。妳的覺知再次進入未來，創造出一個血淋淋的畫面，想像喪屍正躲在街邊暗處，等著攻擊妳。

妳的覺知搖擺不定，在現在和未來之間游移，純粹的恐懼幻化出更多可怕的場景，把妳推向理智邊緣。妳不知道自己是該跑還是哭倒在地。

現在，在這個虛構故事中，有幾件事需要注意。

首先，恐懼與憂慮在心智中的表現並無不同。如同憂慮，恐懼也是基於未來的想像，你不可能害怕過去，因為過去已經發生了，無從改變。儘管我們會恐懼過去在未來可能顯化的影響，然而，在這一剎那的永恆核心，你是不能被創造或摧毀的純能量，恐懼不可能出現在這裡。你永遠處於當下，一切安好，因為恐懼只存在於未來。

當意志力和恆定力失去對覺知的控制，就是把覺知扔給了狼群。覺知留在荒野的時間越長，就越不受意志約束，也越會屈服於環境和潛意識。

從上面的例子中，可以發現造成恐懼的不僅是陰森恐怖的街道，潛意識同樣會對心智造成破壞。潛意識中的過往體驗如果沒有得到妥善處理，會導致覺知反覆地體驗恐懼。而重溫這些恐懼只會使它們相互疊加，在潛意識中形成強大的恐懼模式，你可以稱之為恐懼之輪。最終，它將成為心智中的主導力量，使人無法脫離安全但狹隘的常規，採取行動。

與憂慮的情況相同，將覺知帶回當下是克服恐懼的關鍵。唯有覺知回到當下，我們才有機會解決問題。以上面的故事為例，讓覺知回到當下，也許我們就會選擇走另一條路、打電話請朋友幫忙或叫車等，藉此避開那條街。

處於恐懼的心智無法做出理性判斷。根據我所受的印度教訓練，如果把心智視為一棟大樓，每層樓代表一種心智狀態，你會發現理性位在高恐懼兩層的位置。處在心智的恐懼層，你將無法做出適當的判斷，處在理性層才能讓自己以理性擺脫恐懼。若是有人住在高你兩層的樓上，你們彼此會很難直接溝通，他們所處樓層的經歷與你的不同，你們的視角也會不同。

儘管如此，恐懼也不全是壞事。我們活在與本能相連的肉身裡。我們的動物本能會感受到實際的威脅或危險，因而感到恐懼。因此，有時恐懼是一種自我保護機制。我們若注意到這個訊號，就能利用它來避免受到傷害。但如果我們允許恐懼滋生並主宰我們的覺知，這便是事情走向地獄的開端。

保護心智

有的人特別愛看恐怖電影，陶醉於讓覺知進入心智中的恐懼區，體驗各種程度的恐懼。而你現在知道了，不斷重複的恐懼經驗會形成一條溝槽，使能量大量流入恐懼區，形成一個高磁場，對覺知產生巨大的吸引力。如果這樣的人走在漆黑的街上，就容易使覺知滑入既定的溝槽，被強大的磁場拉往恐懼區的中心。覺知進入心智恐懼區後的反應，與進入心智振奮區後的反應截然不同。

如果覺知處於心智大樓的恐懼層，它會透過你的身體和神經系統發出恐懼的信號；如果處於理性層，它則會以理性的方式面對這條街。理性的上面是意志層，如果覺知處在這一層，它會提起勇氣無所畏懼地走在這條街上。而恐懼的下方是憤怒層，覺知來到這裡，就會對自己陷入這樣的境地感到憤怒。**覺知在心智中的位置決定著我們的觀點：**我們看待事物的方式、如何對經驗做出反應、我們的感受如何。覺知決定了一切。現在你能明白為什麼理解覺知和心智如此重要了吧？

克服恐懼的第一步，是利用意志和恆定力，將覺知從心智的恐懼區移出，才有機會找出恐懼的根源。因為當你處於恐懼中，將無法理解恐懼。

深知心智力量的人明白保護心智的重要性。如果心智的恐懼區得到滋養，覺知一面臨挑戰，就會被吸引至預設的恐懼區，做出糟糕的決定，導致糟糕的結果。因此，你應該避免做出任何會滋養恐懼區的事，例如看恐怖片。如同水槽裝濾網可以防止食物殘渣掉進排水管造成堵塞，心智也該有個濾網。請不惜一切代價保護你的心智，杜絕垃圾進入。心智是你最大的資產，請明辨自己要允許什麼進入心智滋長。

有些臣服於本能的霸凌者，會將他人的覺知反覆帶往心智的恐懼區，其中最無知者還會去欺凌兒童。兒童的心智很容易受影響，這些重複行為將創造出影響他們心智一輩子的恐懼模式，支配著他們日後的決策，改變他們的生活。霸凌者把孩子帶往低階情緒的懸崖邊，讓他們尚未發育的身心任由其擺布，使他們永遠處於低階意識中，這對孩子來說是最糟糕的事。提高人類意識的第一步，便是讓人們不再體驗到生活中的恐懼。

因此，每當你發現覺知進入未來，在心智中創造出使你恐懼的負面想像，就必須以不屈不撓的意志力將覺知拉回當下，並用恆定力將覺知保持在此時此地。無論如何，不能讓覺知反覆重演負面想像，加重你的恐懼感。如果你在心智中看到的恐懼很有可能顯化，那就去找出解決方法，確保它不會發生。必要的話，請尋求支援。

請如同當年的上師，向自己保證：「我在當下，一切安好。」

仇敵③焦慮與仇敵④精神壓力

討論過了憂慮和恐懼，我們接著來瞭解另外兩個同樣擅長掠奪人的能量與心靈平靜的同夥。

《韋氏字典》將焦慮定義為：「通常是因為即將發生或預期發生的不幸，而產生的憂慮不安或緊張。」《牛津詞典》將焦慮定義為：「感覺即將發生壞事而緊張或憂慮的狀態。」聽起來都是對未來的事感到擔憂。

讓我們來檢視「即將發生或預期發生的不幸」的意思。當覺知離開現在，走向未來，在心智中創造出一個負面想像，再返回當下，為它所創造的想像而擔憂，這就是對預期不幸的擔憂。覺知越是重複這段過程，人就越是不安，擔心有壞事要發生。久而久之，你便會因此生活在焦慮的狀態。長期處於擔憂狀態將導致焦慮，這是產生焦慮的一個起因。

當覺知不受控地從一件未完成的事跳往另一件未完成的事，這種情況也會產生焦慮。舉個簡單的例子來說明：試想你要同時進行四個專案，你先處理專案A，五分鐘後，你允許覺知轉移到專案B，就在這時你突然察覺到自己還沒支付供應商費用。你嘆一口氣，讓覺知再度回到專案A，告訴自己完成專案A之後就要去做其他事。

幾分鐘過去，覺知又開始徘徊，這次跑去專案C。你意識到專案C的預算還沒有獲得財務長的批准，於是你嘀咕：「要先得到她的批准才行。」你開始煩躁不安，並讓覺知返回專案A，拚命找回離開前停留的地方。滿腹牢騷的覺知勉強在專案A上保持注意力，但不久後又跑去專案D，並發現專案D還沒和客戶簽約。「要命！」你驚呼道，祈禱客戶不會因此跳腳。

當覺知在心智中經歷一個又一個未完成的任務，你會感覺到這些事帶來的負擔，質疑自己能否及時完成所有工作。這種對不確定結果的擔心、緊張和不安，都會致使焦慮出現。解決辦法是每次只將覺知保持在一個專案上，倘若覺知偏離，就把它拉回來。如果你在做專案A時，突然對專案B有想法，就先把想法寫下來，再回到專案A，直到自己有意識地選擇將覺知轉移到另一個專案。

反覆掛心需要完成但還無法完成的事，只會讓事情做不完，導致焦慮。當覺知重複強調這個迴圈，焦慮感便會加劇，而長時間的焦慮狀態將導致精神壓力產生。

英國心理健康基金會將精神壓力定義為：「感到不堪負荷或無法應付精神或情緒上的壓力」。《大英百科全書》則將其定義為：「造成強烈憂心或焦慮感的東西」。你的壓力水平，其實是你對覺知有多少掌控力的指標。

瞭解覺知的哪種行為會導致焦慮，是克服焦慮和精神壓力的關鍵。「瞭解」很重要，因為只有當你瞭解事物的運作原理，才有辦法控制它。多數人無法控制焦慮，因為他們不瞭解覺知和心智的運作機制，不瞭解覺知的行為模式導致了焦慮。瞭解焦慮如何產生，你才能辨識它何時會發生，並採取必要措施來杜絕。

覺知不受控地從一件未完成的事跳往另一件未完成的事，便會造成焦慮。而覺知不受控地從一個念頭跳到另一個念頭，同樣會導致焦慮。

一名年輕女子對自己說：「如果我找不到良人怎麼辦？那就要永遠單身下去了。」一會兒後，她對自己說：「會不會是我不夠漂亮？」半個小時過去，她又說：「也許是因為我太胖，所以男人覺得我不夠有吸引力。」她就這樣日復一日地焦慮著。

在這個例子中，我們知道年輕女子擔心的「壞事」是害怕自己永遠單身，這種想法導致她的焦慮。但從覺知和心智的角度來看，我們必須瞭解是什麼行為導致這種情況發生：因為她允許覺知不受控地從一個念頭跳到另一個念頭，這個重複過程導致她感到焦慮。

又比如青少年喜歡在IG上發文，然後不斷刷新動態消息，看有多少人喜歡他的貼文。倘若沒有得到他認為應該得到的關注，而他又無法掌控自己的覺知，那他的覺知就會開始在心智中跳過來跳過去。於是焦慮逐漸累積，最後，他開始認為自己發了一則糟糕的貼文，並決定刪除。這個結論是來自他不理性的思維，那是他允許覺知不受控地從一個念頭跳往另一個念頭的結果。

本書的目的，並非要追究上述兩個例子出現焦慮的原因，畢竟每個焦慮的案例都有它的起因，我們無從探討。本節的目的是要從覺知和心智的角度來理解焦慮和精神壓力的起因，以免混亂的覺知成為瘋狂的化身。

無法專注的心智等同於焦慮的心智。一個人如果無法掌控覺知，就無法掌控其在心智中的去向，也就無法掌控自己的想法，上述兩個例子就是如此。倘若你發現自己處於負面的心智區，你要得對覺知施展掌控力，將它帶往另一個區域，才能杜絕反覆鑽牛角尖帶來的擔憂或不安。

古魯德瓦在我二十多歲時教我這個道理，我透過對覺知和心智的內在體驗瞭解其中含意後，從此便不再經歷焦慮和精神壓力。因為我知道覺知出現哪種行為會導致焦慮。一旦注意到覺知開始不受控地跳來跳去，我就會立即糾正它。

有時我也會因為事務繁雜而備感壓力，但不會因此焦慮。這種「壓力」

是因為我意會到自己必須在一定時間內完成超出預期的事，但覺知仍在我的掌控之中，沒有不受控地從一件事跳到另一件事。下面的例子可以闡述這種外在壓力和精神壓力之間的不同。

在某場NBA總決賽中，一個頂尖籃球運動員正準備罰球。時間還剩三秒，他是極為專注的人，儘管感到有外在壓力，精神上卻沒有因此不堪負荷。有外在壓力是因為他感受到團隊、球迷、所有觀眾的期待，但他仍掌控著自己的覺知，讓覺知牢牢專注在手頭的任務上，做他最擅長的事——把球投進籃框。

如果他有精神壓力，就代表他正在失去或已經失去對覺知的掌控。他站在罰球線上準備投球時，覺知會竄入未來，一會兒看到自己投中制勝的一球，成為團隊和球迷的英雄，一會兒又進入另一個極端，看到自己罰球未進，終場哨聲響起，第二天慘遭媒體撻伐。這些劇情在他的腦中迅速上演，最後他因為對覺知的掌控力過於薄弱，投出失誤的一球。

下次當你焦慮時，請觀察覺知在你的心智中發生了什麼事，它做了什麼導致你處於焦慮的狀態？

有能力掌控覺知在心智中的去向，堅定不移地專注於一件事，是消除焦慮和精神壓力的關鍵，也是治療憂慮和恐懼的良藥。它是心智的萬靈丹，是解決所有心理健康問題的第一步。

第 10 章

活用方法

不讓懊悔發生

我和靈修團成員在印度進行一年一度的旅行，歷經漫長而艱苦的一天，我累壞了。太陽即將西下，我們乘坐的火車剛駛入旅程中的下一座城市。要觀察印度，乘坐火車是最佳方式，猶如萬花筒般的體驗令人難忘。

我督促團隊成員在失序乘客們擠上車前快點下車，然而，我的聲音被車站的喧鬧聲淹沒。混亂之中，我們是下了火車，但是行李四散在月台上，我感覺自己進入另一個混亂的世界。這顯然是印度火車站的日常，不熟悉的聲音、景象和氣味衝擊著我們這些外國人的感官。

我們計畫待在這座美麗迷人的古老城市，狹窄、塵土飛揚的巷弄夾雜在住宅與市集間。由於沒有可容納十八位靈修者的大巴士，所以我們計畫先出站，再找三輪車把大家送到飯店。

我們拖著超大行李在月台上行走，彷彿是為世界末日的到來做好萬全準備的人類。我們與當地人摩肩擦踵，左彎右拐地前行，宛如真人版的俄羅斯方塊。最後才好不容易擠出車站，抵達停車場，像剛經歷完一場熱氣蒸騰、令人汗流浹背的分娩過程。

一排三輪車整齊地等在停車場，為我們剛剛經歷的混亂帶來一絲秩序。才不過幾秒時間，他們立刻包圍了過來，搶著替我們服務。有些人甚至直接抓起行李，自行放到三輪車上。

歷經幾分鐘的混亂，雙方完成議價，將行李和茫然的旅人裝進三輪車裡。我們在車流、人流和牲畜之間急速穿行（那是段能讓任何人重燃信仰的過程）。不久，我們抵達了飯店。疲憊的旅人跌跌撞撞地下車走進飯店，我則留在最後，確保所有的行李都被卸下，並支付車夫們車資。

在我準備付錢給最後一位車夫時，他趁機翻漲一倍車資。我問他為什麼，他回說他載的行李比較多。我知道這不是真的，他只是想拐錢。我表達了我的不滿，他走下車，直挺挺地站在他的灰色三輪車前，汗水順著他毛茸茸的手臂蜿蜒而下，堅持要我付給他雙倍車資。

我簡直氣炸了，連最後一絲意志力也失去對覺知的掌控。我的發光球體彈射到心智的憤怒區，我脫口而出：「我不會多付你任何一毛錢！」這句話也讓車夫的覺知進入和我一樣的心智區域，他大喊：「你馬上給我付錢！一毛也不能少！別想欺騙我！」說著唾液甚至還噴到我身上！

他或許是想從我這多拿些錢，好提前收工，但我很生氣，因為事關原則，既然商定好價格，就不該反悔。當時正值四月，天氣炎熱潮溼，塵土飛揚，我們顯然都已筋疲力盡。這些完美的條件讓兩人出現無法控制的反應，成為兩個火藥桶。

我的妻子，一個頑強的紐約人，從遠處目睹了一切。她優雅地介入，化解了緊張的局面。說實話，我根本不記得她是怎麼辦到或說了什麼。我只記得車夫拿到了錢，隨後轉身離開。

當晚回到飯店房間，終於有了獨處的時間後，我感到一股失望的情緒籠罩著自己。我坐在床沿，手指交扣放在腿上，身體彎向雙腿。我盯著冰冷堅硬的大理石地板，心想：「我失去了對覺知的掌控。」在那一刻，我不禁想起上師曾把憤怒定義為暫時性的精神失常。

「該死，真是說對了。」我心想。

在我稍早進入的心智憤怒區中，不存在理性。我還來不及想發生了什麼事，沒有任何的停頓，就做出不受控的純本能反應。我感覺自己幾十年來掌控覺知的個人紀律，在那一刻功虧一簣。我不是沒失敗過，失敗其實更像是我的好朋友，但我為自己當時的反應感到後悔，不是指對車夫說的話，我確信這不是他第一次與遊客發生口角，我失望的是，我無法掌控自己的覺知。

住在紐約的這些年，我從未對任何事或人發火。即使這個城市給我許多難題，我對自己的覺知仍有足夠的把握。在世界各地旅行時，我也都游刃有餘。然而，印度卻是讓我失守的據點。不知何故，在這裡的每趟旅行幾乎都令我喪失對覺知的掌控，做出不受控制的反應。

我意會到，印度已經成為我的修練場。我決定每年都要回到這裡接受考驗，目標是離開印度時，一次也不失去對覺知的掌控。於是，我每年都會前往印度，終於在展開挑戰的第三年，我離開印度前都沒有失去對覺知的掌控，我生出小小的成就感，雖然一次成功不足以說明什麼，必須重複地成功才行。我把每年的印度之旅當成給自己的考驗。旅程安排也很關鍵，畢竟奢侈的五星級假期無法帶來真正的考驗，拖著一群人穿越印度，進行緊湊的靈修行程，反而更容易使我因筋疲力竭而失去對覺知的掌控。我必須強迫自己面對挑戰。

年輕時，包括在寺院的前幾年，不知有多少次，我因為無法控制自己對某種情況的反應而懊悔，比如被某人的言行激怒，說出一些讓我後悔的話等。那些反應影響了我和他人的感受，令我很不舒服，我極力想改變。而對覺知和心智的理解，使我在生活中更能管理好自身的反應。

《韋氏字典》對「反應」一詞的定義為：「對某種遭遇、情況或刺激的回應」。這裡再透過對覺知和心智的理解來定義反應：遭遇某種情況或對待，導致我無法掌控覺知在心智中的去向，因而產生不受控的情緒。

試想你拿著一顆氣球逛市集。突然你看到一個小丑站在木桶上，一邊耍刀、一邊滑稽地保持平衡。你見狀大笑，不小心鬆開手，氣球差點因而飄開，但你迅速抓住了線、把氣球拉回來。

反應也是如此。假設日常生活中有某個突發事件使你的覺知脫離了掌握，準備前往心智的憤怒區。你一觀察到這變化，便伸手抓住覺知，如同抓住氣球般把覺知帶回。倘若沒有抓回覺知，你就會做出憤怒的反應。那可能是心理上的，比如內在出現憤怒的想法；也可能是口語上的，比如憤怒地大叫；甚至可能是生理上的，比如身體因此發抖或失控。

這裡的反應，指的是覺知被外在或內在力量驅使到心智的某個區域，進而引發不受控的反應。

外在力量通常是指你的環境（周圍的人和事），內在力量則是也許是潛意識中懸而未解的情緒事件。比如當你回憶起童年的創傷經歷，覺知便被驅使到心智的悲傷區，導致你控制不住地開始哭泣。

反應也有可能是正面而不是負面的，儘管有時會因此樂極生悲。某公司的高層幹部在年度聚會上慶祝工作佳績，他因為太過興奮而失去對覺知的掌控，不小心洩露了公司機密，犯了職場大忌。這是反應過頭所引發的憾事。這邊分享智者的話：**用熱情取代興奮——興奮是不受掌控的能量（覺知），熱情則是經過引導的能量（覺知）**。

總結來說，我們有沒有能力掌控覺知在心智中的去向，決定了我們能否掌控自身反應、對生命經歷又會做出何種反應。掌控覺知的能力越強，就越能掌控自己的反應，對自己的心智狀態就能享有更多掌控權。

控制言語

控制言語與善加管理你的反應有著密切的關聯。在連接心智和嘴巴的高速公路上設一個交通號誌，引導我們何時可自由發言，何時要三思而後言、何時最好保持緘默，對我們所有人來說可能是好事一件。

從一個人管不管得住嘴巴，可以看出很多事。他的思緒可能雜亂無章，潛意識混亂不清，也無法充分掌控覺知。張嘴說話，是讓他人窺見內心想法的一扇窗口，你可以從一個人說了什麼和沒說什麼，瞭解到他的許多事。

許多人控制不了自己的嘴巴，導致他說出重話或狠話，事後又感到後悔，希望收回那些話。之所以管不住嘴巴，是因為我們無法掌控自己的反應，而這又是無法掌控制覺知在心智中的去向所導致的結果。

例如有次我演講時，有個人走過來說我的披肩很醜。這番情緒化的發言，很可能會將我的覺知轉移到心智的惱怒區域——如果我允許它發生的話。對覺知的掌控力，能讓我在那一刻選擇要將它轉移到哪裡。如果我運用意志力和恆定力，將覺知轉移到心智的振奮區，便會做出正面的反應。倘若我讓對方話語中的情緒將我的覺知導向心智的憤怒區，那我就會出現憤怒的反應。

言語不受控最常見的原因，是允許周圍的人和事牽動你的反應。如果你能掌控自己的覺知，就能選擇要把覺知轉移到心智的何處。如此一來，你就能做出適當的反應，或乾脆不回應。

重點在於別把控制言語與剝奪言論自由混為一談。我將「控制言語」定義為：明智選擇發言內容及何時發言的能力。當你能明智地選擇用詞並適時地發言，你便可以暢所欲言，這對言語帶來的結果及你的生活，都將產生莫大影響。

再提一點。當某人對你發出的言論帶有憤怒情緒或是憤怒的振動頻率，而你無法掌控自己的覺知，那他的話就會把你的覺知帶往和他一樣的心智憤怒區，使你的覺知中充滿同樣情緒（能量可以被轉移），發出相同的振動頻率。同樣地，一首充滿感傷情緒的情歌，也可以把你帶到與歌手相同的心智區域。你聆聽歌曲的時候，會感受到歌手希望你感受到的情緒。

情緒對覺知有巨大的影響力。蘊含在文字中的情感，能將覺知轉移到與該情緒頻率一致的心智區域，而為了不對這些話語做出反應，你的意志力必須大過那股情緒的力量。我對印度三輪車車夫說的那番話，便帶有強烈的憤怒情緒。那股情緒影響到他的覺知，使得他也發出憤怒的振動頻率。他的覺知因此在心智的憤怒區開始作用，做出相應的反應。

我們該如何得知自己在控制言語上有進展呢？答案是當你說的話能創造出更多令人振奮的結果，而不是負面的情緒反應時，這便是個肯定的跡象。在控制言語的實踐中取得進展，也代表你在「掌控覺知在心智中的去向」上，取得了卓著的成效。

心智論戰

陷入心智論戰，會浪費人的時間和精力，犧牲心靈的平靜。由於我們試著在心裡駁倒別人，而這也是造成我們分心的一大原因。

本節重點不在於如何解決心智論戰，而是學習如何掌控覺知在心智中的去向，幫助你擺脫心智論戰不斷的困擾。

發生心智論戰通常是因為人與人之間的誤解。由於問題沒有解決，它便停留在潛意識當中。每當覺知與這個問題產生互動，你就會再次經歷這段爭執。這場未解之爭包含的情緒越多，吸引覺知前往的力量就越強。

每回覺知被拉往這場爭執，你就會重溫這段記憶，經歷一切的情緒，使你再次對爭執做出反應。你會很快進入心智論戰，在腦中上演對他們大發雷霆，看到他們因此做出反應的畫面。對方被你惹得不快，對你做出更多言語羞辱。這場論戰就這樣在腦子裡持續進行。五分鐘後，你對這個人感到怒不可遏，覺得他簡直是個混蛋。你的神經系統一片混亂，在盛怒中，你把覺知從那個尚未解決的情緒體驗中抽離出來，返回陷入心智論戰之前的工作。然而，不到十分鐘，你的覺知又被拉往那個心智戰區，另一場激烈口角隨之而來，可憐的心靈、身體和神經系統在你的情緒反應中，再度經歷一連串天翻地覆的爭吵。令人痛苦的經歷不斷上演，甚至令有些人輾轉難眠。

重點是瞭解在整場心智論戰中，你同時代表爭吵的兩派人馬，雙方的激烈口角其實都是你想像出來的。

潛意識中尚未解決的情緒體驗宛如地雷，等待著你的覺知出現。而克服的關鍵便是解決這些問題。說起來容易，做起來難，這一切都取決於這場爭執及其連帶的情緒有多強烈。

除了尋求治療，另一個可以幫助你解決心智論戰的方式，就是學習掌控覺知在心智中的去向。當你學會掌控，便能選擇何時處理這個尚待解決的情緒體驗。舉例來說，與某同事開會時發生的爭執令你不快，你回到辦公桌時心煩意亂，但還是馬上收發電子郵件開始工作。幾分鐘過去，你的覺知被拉回剛剛的經歷並因此心煩，你又重溫它，再次做出剛才的情緒反應。

倘若你對覺知擁有足夠的掌控力，就可以在覺知離開電子郵件進入潛意識的紛爭前捉住它，把它拉回你正在做的事，或是移往心智的另一個區域。

擁有這樣的能力，表示：

1. 我們清楚知道，覺知和心智是兩個截然不同的事物。
2. 問題會留在潛意識，那是心智的一個區域，我們可以選擇是否進入。
3. 倘若我們擁有足夠的意志力，就能將覺知重新定向，讓它前往我們希望它去的心智區域，並使用恆定力將覺知保持在該區域。

瞭解上述三點並確實執行，將為你帶來自由和心靈的平靜。

很多人讀到這裡，會認為我主張忽視問題或假裝它不存在，但這不是我的意思。問題顯然是存在的，而解決問題的第一步便是承認它的存在。我的建議是**要讓你能選擇何時將覺知帶往問題駐足的心智區域，處理並解決它**。

可惜多數人沒有選擇的餘地。只有當他們瞭解覺知和心智的運作，並對自己的覺知有足夠的掌控力時，才會有選擇的能力。

有了這個能力，我們才能對自己說：「我知道有個懸而未決的問題駐足在潛意識，但我不打算讓覺知現在去找它。我想在下午兩點的休息時間，找個安靜的地方坐下來，再把覺知轉移到這問題上面對它。同時，我也將用自己的意志力，堅定地將覺知保持在我所選擇的心智區域。」

這與允許覺知在一天中反覆被拉回這個問題不同。反覆回到問題只會造成精神和情緒上的疲憊，不僅會重創你的心靈、身體和神經系統，更會影響周圍的人和你的工作表現。

選擇想要處理問題的時間點，就像與這個懸而未決的問題預先訂好時間和地點開會。在這之前，請運用意志力和恆定力將覺知保持在手邊的工作上。每當你感到覺知被拉回潛意識裡這個充滿情緒的問題時，就輕輕地、充滿愛意地，把它帶回現在正在做的事。告訴自己「現在還不是解決這問題的時候」。

如同任何的會議一樣，你不需要在開會前每隔十分鐘就去現場查看。當你為尚待解決的問題設定好開會時間後，覺知也不需要在開會前多次造訪，這樣只會讓你心煩意亂。等會議時間到來，你再前往開會地點，將覺知轉移到潛意識中尚待解決的問題，開始著手解決。

許多人因為每天都在心智論戰而疲憊不堪，影響了日常工作，但生活不應如此。為了有能力選擇何時處理潛意識中的問題，我們必須對覺知和心智有一定的瞭解，培養意志力和恆定力，以學會掌控覺知在心智中的去向。

關於心智論戰，我還有一個提醒。還記得前面說過「覺知去哪裡，能量就流向哪裡」嗎？當你允許覺知進入潛意識中的問題，便是允許能量流往該處，使那個懸而未解的情緒體驗不斷被加強，潛意識中的模式也會隨之越來越強。

此外，腦中反覆出現的獨白，很可能會在情緒左右下改變那段體驗的敘事，造成心智更大的混亂，讓問題更難解決。

掌控覺知的能力越強，你就越有能力選擇何時處理潛意識中尚待解決的問題。在這方面做得越好，陷入心智論戰的時候便能大幅減少。

扭轉乾坤

本書傳達的教義適用於任何有心專注生活的人。本節將分享這些教義運用在賽事上，能如何協助選手提高成績、減輕心理健康壓力。不僅是成績最佳的選手，任何從事體育活動的人，不論兒童還是成人，都可以學習並利用它來提高成績表現，擁有更健康的心理。

受全球矚目的英格蘭超級聯賽來到了關鍵比賽的半場時間。休息時間，一方的球員們聚集在更衣室裡。他們現在落後兩分，若想爭得冠軍，就要追平比分或打贏這場比賽。進入下半場之前，教練向球員做最後的精神喊話：「夥伴們，上場之後，我們必須全神貫注。」這個要求再自然合理不過。

在體育界，經常可以聽到這種「專注比賽」的耳提面命，卻很少有人指導選手如何去做。正如前文提到的，要求某人專注與訓練他們專注是截然不同的兩件事。不論在體育界還是商界，我們總是期望團隊成員能夠專注，卻不知道自己正在要求他人去做從未接受過訓練、也不擅長的事。

全球體育產業的投注金額高達數十億美元，最佳球隊的球員擁有最好的教練和設施來訓練他們提高表現。但多數球員從沒有學過心智的運作方式。根據我與這些運動員交流的經驗，他們接受過的心理健康訓練，遠遠比不上體能訓練。既然如此，他們要怎麼做到專注，又要怎麼面對比賽的壓力呢？

在一場世界盃足球賽的準決賽中，一名球員準備踢出決定性的罰球。如果進球，球隊就贏了。他已經練習過數千次的罰球，毫無疑問，成功踢球的訓練模式已深植在他的潛意識。他把球放在罰球點，往後退幾步，準備踢球。場外有八萬名觀眾看著他，全球則有數百萬的人緊盯著螢幕。人們屏住呼吸，目光集中在他身上，現在是他拿出平日訓練成果的時候。

這場賽事是他的心智之戰。他能否好好掌控自己的覺知？他是讓覺知進入了未來，在那十秒鐘裡想像如何慶祝他的致勝罰球，還是他讓覺知想像自己失誤了，令團隊和國家失望？覺知跑到了心智中的恐懼區，開始質疑自己是該堅持把球放在那個位置，還是換個做法看看。這一切都在幾秒內發生，對他來說卻如同永恆。裁判吹響哨子指示他踢球，他向前邁步……

在如此高壓的情況下，那位球員是否有能力掌控自己的覺知，將是成敗的最大關鍵。美國某海豹突擊隊隊員曾說過：「在壓力之下，與其隨機應變，不如拿出平日的訓練水準。」如果從未接受過掌控覺知的訓練，他要如何將覺知堅定不移地專注於當下，全心投入罰球的這幾秒？

要在這可能是他一生裡最重要的一場比賽中罰球，壓力可想而知。他必須依靠平日的訓練，並運用意志力和恆定力牢牢抓住覺知，專心於當下手邊的任務。如果他接受過掌控覺知的訓練，他就不會允許覺知偏離到未來或過去，想像尚未達到的成功或重溫過往的失敗。他會冷靜地向前邁出步伐，將球踢進球門。他看著這一切發生時，才讓覺知脫離意志力的韁繩，讓腎上腺素驅使覺知進入心智的興奮區，和數百萬名觀眾一樣雀躍地慶祝這個進球！

正如之前分享過的，專注的狀態並不是把周圍一切阻擋在外，而是讓覺知全神貫注在當下所投入的事情上。這種全神貫注不會給覺知帶來其他負擔。瞭解心智的運作和學習讓覺知專注，將顯著影響個人及團隊的表現水準。倘若從沒有人告訴運動選手或團隊成員如何專注，他們不會知道專注的重要。但如果你要求團隊成員專注，那麼你就應該訓練他們怎麼做到，本書便是在教導你如何做到這點。

專注除了能提高表現，也能幫助運動選手因應其他方面的挑戰，例如學習在場內和場外控制自己的反應。掌控覺知的能力，決定了他們有沒有能力面對對手的誹謗、言語恐嚇，甚至是種族歧視，以及媒體的批評、社群媒體的評論。他能掌控自己的覺知，就能掌控自己的反應及隨後而來的結果，進而影響生活與比賽中的每個部分。

多數運動選手踏上賽場時，心理都飽受著周圍世界的折磨，但他們卻極少有人接受過有效管理心智的訓練與方法。儘管比賽的興奮感和榮耀會掩蓋這些折磨，但是這些挑戰不會消失。情緒劇烈起伏，對他們的心智和神經系統可能會產生毀滅性的影響，並持續到職業生涯結束以後。而本書提供的教義和方法，可以有效減輕並消除這些挑戰帶來的影響。

商業的核心

拉維在一家排名五百大企業的公司工作。他是一名高階主管，因為表現出色，所以擔任團隊領導。然而，沒有人教過他瞭解覺知和心智是什麼、心智如何運作，也從沒有人教過他如何專注，不知道人可以掌控覺知在心智中的去向。多年來，隨著工作對他的時間和恆定力的需求增加，他發現自己變得越來越無法專注在工作上。

今天，拉維努力使自己的覺知一次只停留在一件事情上，儘管他並不清楚這就是自己一天當中的實際經歷。事情從四面八方湧來，爭奪著他的注意力，使他把覺知交給了環境去主宰。他嘴邊常掛著這句話：「每個地方都需要我」，這意味著他的覺知經常四處偏離，也解釋了為什麼他總是感到疲累——因為他的能量到處流竄。

由於經常練習分心，拉維變得越來越擅長分心，這時的他已經是個分心專家。回到家時，他無法將覺知放在孩子或配偶身上，幾秒鐘也做不到。結果，家人感覺不到他的能量，造成了彼此情感的疏離。家人對他的愛讓他們願意容忍，而這個現象很快就變成了常態。拉維自己也感覺到與家人疏離，這件事讓他很難過，但又不知道如何解決。每晚他都在床上翻來覆去，因為覺知無法從心智的工作領域中抽離，最終只能讓疲憊帶著他入睡。醒來後，心智工作區的強烈磁場吸引他的注意，這也是他投入大部分能量的地方，因此他想都沒想便把覺知拉到工作上，躺在床上就拿起手機，沉浸其中。當覺知在郵件、簡訊、手機上的各種訊息間往返，焦慮不斷增強，而且才一下子就達到這種狀態，因為拉維早就鋪設了一條通向這個心智區域的道路，成為覺知首選的逗留之地。

儘管他自己並不承認，也從不透露給同事知道，但拉維在各方面都神經緊繃。有時他很希望能拋開一切，帶著家人躲去可以體驗平靜生活的地方。殊不知這其實是錯誤的想法，因為不論身處何地，他培養多年的心智模式都會伴隨著他，這不是一個可以任意拋棄的同伴。即使在海灘、寧靜的森林或靜謐的山腳，拉維的心靈都得不到真正的平靜，也許只有在社群媒體分享自拍美景，以此說服自己和他人，生活中的一切很美好的時候，才能得到片刻的平靜。

回到工作中，不受掌控的覺知持續助長了拉維的**焦慮**。他領導一個約莫兩百人的團隊，他覺得自己對團隊的表現和目標負有很大的責任。他的覺知經常在心智中頻繁進入未來，想像沒有達到既定目標的結果，甚至會想像天大的失敗。**憂慮**開始出現，失敗的**恐懼**潛伏在心智邊緣。拉維的神經系統每天受到這樣的侵害，他的身體裡結的瘤比紅杉樹還多。

人的身心有驚人的韌性，能忍受不斷出現的壓力，許多人也不畏迎向挑戰。生活經常令拉維感到挫敗，但他知道自己不能放棄，畢竟養育孩子、大學學費、貸款……生活裡的每件事都要用錢，他和家人也已習慣了眼前的生活方式。其實拉維的故事沒有什麼特別之處，這世上的許多人都在不同程度上忍受著類似的磨難。

企業家必須明白，再多的海水，也永遠澆不息欲望。在欲望和創造力的推波助瀾下，追求公司的無止境成長，是一場推往懸崖邊緣的競技賽。欲望必須受到駕馭和引導，而不是犧牲表現出欲望者的心理和身體健康。商業的核心是人，我們必須真誠地關心他人，否則缺乏人道關懷，會使我們走上滅絕之路。大量統計資料指出，因為工作而惡化的心理健康狀況，已是今日遍及全球的嚴重問題。

企業若能領悟這點，接下來的問題便是：要從哪裡開始，為員工創造豐富和快樂的生活？對於和拉維一樣處於身心俱疲邊緣的人來說，解決方案是什麼？我的答案是（永遠都是）：**瞭解覺知和心智，以及學習並培養恆定力和意志力**。當然，在公司運作方面上，有更深層的問題要解決，但在個人層面上，你能給予團隊的最大禮物，便是讓成員們瞭解他們個人的最大資產——心智，並學習如何利用心智創造真正有價值的生活。

如果企業家關心員工的心理健康、生活品質、是否過著有價值生活，我建議他們訓練員工瞭解覺知和心智的力量，以身作則地教導員工學習培養意志力與恆定力，並明智地運用它們來克服憂慮、恐懼、焦慮和壓力。幫助員工與所愛之人在為家人和自己打拚的同時，也能更深刻地體驗生活驗。這是最簡單、最具成本效益的有效投資，也是改變生活的力量。

這是你獻給團隊的一份大禮。上師在近三十年前贈予我這份禮物，直至今天仍陪伴著我，儘管我早已不是寺院裡的僧侶。我對它的持續運用讓這份大禮不斷成長，帶給了我超出想像的回報。我不僅能和親友一起享受生活中的每一刻，享受為自己創造的經驗，更能以我學會的方法和訣竅因應生活中的挑戰。我的專注和自我反思的能力，使我更瞭解自己和自己的目標，進而確定優先事項。我把能量集中在這些優先事項上，拿出意志力來堅持不懈，最後顯化我的目標。每一天都過得圓滿充實，沒有一刻浪費。每一刻都身處當下。難道你不想把這份禮物送給那些為你創造、維繫，甚至為了達成工作使命而犧牲奉獻的人嗎？

你的確可以教他們其他技能，譬如如何有效溝通、調整呼吸、改善飲食、鍛鍊身體，維持良好的心理健康習慣等，但他們最需要學習的其實是瞭解心智。這是一切的核心，是生活的重心所在。

不瞭解學習的工具，就很難使用該工具來學習新事物。一個人若無法閱讀，對他而言，世上的一切書籍都毫無意義。因此，第一步當然是教導他閱讀，他才能讀懂這些書。同理，我們要改變生活，就要從瞭解心智開始。

如果你已經贈予他們這項大禮，請繼續這麼做，確保他們真正地掌握了這些道理，並瞭解如何在生活中應用。唯有如此，你才是真切地關心團隊成員的福祉。

恆定力對企業的重要性

全球大企業都會投下大量金錢培訓員工，但教他們瞭解覺知和心智的運作以及恆定力的藝術，才是真正地對員工有幫助。如果他們能學會專注，便有能力專注學習你希望他們習得的一切技能。如果他們無法專注太久，就無法專心傾聽他人的教導，學習成效自然不佳。事情不該本末倒置。

本節不再探討如何在工作上專注，因為前文已教你許多可以運用在生活各方面的基本訓練。如果你現在還問：「哪些方法可以在工作上練習專注？」那就表示你沒有掌握到全書的內容，建議你重新閱讀本書。你不需要另外再找什麼特別的方法，只要根據書中步驟學習即可。一旦掌握其中訣竅，便能在任何地方應用。

本節的目的是要向企業說明，為何應該將瞭解心智和學習恆定力做為培訓員工的一部分。

一位身價數百萬美元的企業創始人正在與領導團隊開會，他們即將向客戶進行有史以來最大的提案。若能接下這次的案子，對公司來說不啻是一記強心針。會議結束，創始人站起身，雙手放在橡木桌上，向最值得她信賴的團隊成員信心喊話：「接下來兩天，我們必須專心做好向客戶提案的準備，請務必集中精神。」這個要求再自然且合理不過。

如同向球員精神喊話的教練，許多企業領導人要求團隊成員專注，卻從未教導他們怎麼做。身為企業主，你應該不會去人事部門要求他們開發手機應用程式吧？因為你知道那不是他們的強項，他們接受的是人事的相關訓練，所以才會在這部門工作。那麼你為什麼會要求從未接受過專注培訓的人專注呢？

企業界向來追求生產力和效率，但多數公司並未做到提高生產力和效率的基本要件——學習並練習恆定力。我相信其中原因出在他們沒有意識到分心的代價，以及專注是一種必須學習並練習的技能。人們多半認為「專注就對了」，而且只要提出要求，他人就會知道該怎麼做。事實並非如此，重點不是只有學習專注而已，也包括學習鍛鍊意志力。而學習兩者的前提是：認識覺知和心智。

沒有接受過專注訓練，或是不知道要專注在哪裡，就容易分心。我想多數企業都會說清楚希望團隊專注在什麼目標上，缺少的是訓練員工如何做到專注。

避免疲勞和分心

從紐約市開車到舊金山、達拉斯，轉往芝加哥，再前往邁阿密，整段車程會消耗大量汽油。如果車子在原地兜轉，消耗的汽油量就不會這麼多。以此做為比喻，我們可以把覺知看作汽車，把能量想像成驅動覺知在心智中旅行的汽油。覺知前往多個不同的心智區域，絕對會比它停留在一個區域所消耗的能量還多。

因此，**覺知在專注狀態下消耗的能量，比分心時還少**。

分心會使心智消耗巨大的能量，並使生產力隨之下降。只要上網就能找到很多疲勞影響安全、生產力、效率等的統計資料。造成疲勞的原因很多，但很少人認為分心是原因之一。不過，你現在知道了，當覺知在心智中不受控制地漫遊，能量就會到處亂竄，在它不需要消耗的地方無謂消耗。隨著能量下降，不難看出它會造成重大影響。

造就效率

一天，我發現有個與工作相關的問題急需請益上師，因此我來到辦公室，辦公室的門敞開著，他正坐在辦公桌前使用筆電。我敲了敲門，並問道：「古魯德瓦，可以和你談談嗎？」

他回答我：「進來坐下吧。再等我幾分鐘就好。」

完成工作後，他闔上筆電，表示工作已經完成。他轉向我，全神貫注地看著我，問道：「我能為你做些什麼？」

我提出問題，他給予了答覆。我請他再次確認答案，他向我證實答案無誤。感謝他的幫助之後，我便起身離開。那次的談話最多不超過兩分鐘，這是極有效率的溝通方式，因為他對僧侶的專注訓練，讓我們的覺知都停留在談話的主題上，不因亂跑而浪費時間或能量。同理，若參與會議的每個人都懂得如何專注，會議就會變得很有效率。

有多少與工作相關的討論，因為大家無法專注在主題上，或不能真正傾聽對方講話，而拖拖拉拉地說個沒完？你與他人交談時，有多少次對方正忙著敲筆電或在手機上打字？他們會在你說話時點頭回應，但如前文談到多工處理時說的，你知道他們的覺知去了別處。儘管對方認為自己有在聆聽，但實際上並非如此。當人們無法專注，溝通的有效性與資訊傳遞的效率便會直線下降。

儘管難以準確計算，但大量的時間和精力，更不用說財務成本，就這麼浪費了。大量的關鍵資訊被錯過，機會和陷阱也被忽略，而這一切皆源自人們不知道如何專注。

該如何因應？前面的章節已經談論過。如果你注意到團隊成員心不在焉，請喚起他們覺知的注意，再將他們的覺知引導回主題。不要害怕告訴對方，你希望他們全神貫注，因為這將對工作的成果產生莫大的影響。

專注造就效率和生產力，絕對錯不了。

專心開會

無法專心會議的代價非常高昂。我參加過不少會議，看過許多人開會時覺知偏離。覺知就像公園裡的小狗，起先是乖乖往前走，但樹叢中稍微有一點聲響，就驅使牠的覺知跑向完全不同的方向。

舉一個我的親身經歷。有家公司的老闆雇請我為管理高層舉辦一次靜修營，她邀請我到辦公室詳談，於是我與她和管理高層們一起坐下開會。席間談到了時間的問題，他們問我二月底是否可行。

我回答：「很抱歉，那時我人在澳洲雪梨。」

其中一位高層聽到我的回答，便開心地回應：「哦，我很喜歡雪梨。它是我最喜歡的城市之一。我喜歡坐在達令港的戶外餐廳，品嘗澳洲的紅酒，一邊望著歌劇院……那裡真是美極了！你打算在雪梨做什麼？」

此時，我意識到我得做出選擇：我是要繼續與她暢談澳洲，還是將她的覺知移回主題？假設我沒有注意到她的覺知偏離了主題，自然會與她沉浸在雪梨的談話裡。

我選擇把她的覺知拉回討論主題，於是我回答：「那地方確實很美，我要去那裡演講。三月的第二個星期可以嗎？」我不是說不能偏離主題小聊一下，關鍵在於你要分辨時機，因為時機就是一切。

許多會議都是這樣，某些主題被提起，但沒有結論，而原因不在於缺乏資訊，而是與會者沒有能力專注在一個主題上進行到底。這也表示日後還要再提出這個主題來重新討論。如果眾人齊心專注，那早就達成共識了。

當覺知偏離主題，從而偏離心智的某個領域，我們便會失去從該領域獲得進一步洞見的機會。五秒內快速翻完一本多達千頁的書，是無法使我們吸收到資訊的，但如果僅專注於其中一頁，我們便能仔細讀進並吸收其內容。如果你允許覺知從心智中的一個區域迅速移到另一個區域，你就無法在那待著並取得資訊。

開會要專注，才能深入探討每個主題。覺知一旦分散，就會打破專注的努力，要再把每個人的覺知拉回到偏離前的位置，不僅要花費更多能量和努力，還很困難。一群人好不容易將彼此的想法凝聚在一起，最後還是脫軌了。

允許與會者開會時偏離主題，就是在訓練他們分心，這樣的訓練還會延續到工作以外的生活。訓練團隊保持對主題的討論，就是訓練他們掌握專注的藝術。每當他們的覺知偏離主題，請輕輕地、充滿愛意地把它們拉回來。你可以認同他們說的話，同時將他們的覺知轉回主題，就像我回應那位偏離主題大聊雪梨經驗的人那樣。

在那場會議中，每當有人分心，看到他們的覺知飄向另一個話題，我就會輕輕地、充滿愛意地，把他們的覺知拉回來。如何辦到這點？答案是保持專注。唯有保持專注，我才能觀察到他們的分心，告訴他們：「很抱歉打斷你，但我想繼續討論眼前的主題，因為我們必須做出決定。」

你可能學過如何透過各種有效的策略與方法使開會順利，但除非出席的人能保持專注，否則效率和成果很有限。本節的目的不是教你如何順利開會，而是分享專注對會議的影響。大家常覺得花在開會上的時間太多，倘若每個人都能專注，就能減少開會時間，使更有效率。

工作不中斷

我曾為一家時裝公司提供諮詢，首席設計師與我分享她的親身經驗。當時她正坐在辦公桌前，設計一款秋季夾克，突然一位同事進來詢問：「妳知道影印紙放哪去了嗎？」

被這麼一打斷，她的覺知便離開了心智中的設計區域，這個區域原本正在引導她的直覺發揮創造力。她抬起頭，將覺知轉移到同事身上。她說，自己花了幾秒重新調整連接外部的思緒狀態，接著才做出反應。

「影印紙在那邊的櫃子。」

「謝謝。」說完，同事便離開辦公室。

她低下頭，準備繼續畫草圖，卻赫然發現覺知已不在創造力爆發的心智區域了。她非常沮喪，因為她很難回到那個區域了。我想那次經驗讓該公司損失慘重。

你認為世界各地的企業發生類似事件的機率有多高？應該是多到超乎你

的想像。而工作被打斷的狀況，不僅限於同事之間的互動，還以現代科技的形式出現，如簡訊、電話或其他訊息等。每當覺知分散，就會脫離原本專注的事物，轉移到新事物。等到事情結束，再沿著來時路返回原先專注的心智區域。覺知的反覆來回，會消耗大量時間和能量。寶貴的連續性被迫中斷，更有潛力的洞見、解決方案和創造力也會因此流失。

工作中斷是注意力分散的表現。多數公司會尋找各種方法來解套，比如設置安靜空間、無聲區域等，藉此幫助員工工作時不受干擾，但這只是治標不治本。治本的方法，是教導人們如何專注。只要能瞭解如何專注，公司就不必再想方設法消除干擾。本書有一部分是我花了幾個月時間，在每個工作日的早晨，去紐約一家咖啡館寫成的。我會點一杯咖啡坐下來寫作。這裡沒有一刻安靜過，上好的咖啡和貝果吸引著絡繹不絕的人潮，然而，這些噪音、音樂和人群從未打擾到我，因為我的覺知鎖定在手邊的事情上。這說明一件事：我們可以花時間、精力、金錢去尋找方法，確保員工不受干擾，也可以直接教導他們如何專注。

工作之所以會被打斷，常常還因為打擾的人不知道被打擾的人正在專注工作。我在澳洲長大，喜歡在海灘漫步度過時光，我發現當地人會藉由旗幟來標示海況——紅旗意味著「禁止游泳」，黃旗表示「注意潛在危險」，簡單的標示就能傳達明確的訊息。多年來，我也鼓勵企業採取一個眾人認可的標誌系統，讓每個人都能靜靜表達當下的工作狀態。比如「高度專注」表示請勿打擾；「中等專注」表示可告知緊急事項等。

透過訓練團隊成員養成習慣，不去打擾專注狀態下的同事，我們便是在間接幫助他們練習長時間專注，從而提高恆定力。

專注政策

如果有企業希望採用本書方法，第一步要請企業主或領導者接受「專注政策」。只有上行下效，才能在公司裡推動政策，領導者必須相信專注的效益，將其融入自己的生活，成為員工們的榜樣。第二步，要向團隊說明專注的重要性，使他們接受專注政策，這點對於成功至關緊要。

做到上述兩點後，我會強烈建議將本書各章分成小組來進行。以一個十人編制的行銷團隊為例，以下是他們可以施行的步驟。

1. 同時閱讀本書。
2. 將每一章視為一個主題，記下每個人認同的重點，討論運用於日常工作的方法。
3. 在一切交流中使用正確的術語。
4. 找出日常工作中非做不可的重複性事件。每個成員都要利用這些事件培養自己的意志力和恆定力。會議之類的團體活動就是絕佳的練習機會。對彼此的態度要和善、互相關照。
5. 自我評估，並追蹤進度。永遠要記住「微小的力量」，慶祝里程碑和勝利。

6. 在努力掌控覺知的過程中，請溫柔地、充滿愛意地支持彼此。拿出耐心和同理心。

7. 支持並幫助彼此將專注的實踐帶入工作以外的生活。專注的練習必須融入生活各方面。

專心的益處

別忘了，在指導團隊成員使用本書方法實踐專注時，你不只是在教導他們如何專注，也在教導他們：

- 掌控覺知在心智中的去向。
- 掌控能量的流向，以及要在生活中顯化的目標（包括工作專案）。
- 將培養意志力的三個方法融入生活。

- 莫忘在一切活動中活在當下。
- 透過駕馭覺知，學習管理並克服憂慮、恐懼、焦慮、精神壓力。
- 有效管理自身的反應與回應。

這裡的目標是向企業說明使用本書做為培訓課程的理由。這麼做不僅有助於提高工作績效，書中的方法和教義也將使團隊成員心理更健康，生活更有收穫。好處不止於此，每個人的生活都能得到正面的轉變，更懂得利用同樣的方法和教義來幫助所愛的人活出生命的價值。

回憶一下前述古魯德瓦拿起面紙的故事，他說：「你的能量與你人生中的其他人相連，提升自己便是在提升他們。」讓公司的團隊成員透過對心智、專注、恆定力和意志力的基本瞭解，獲得提升的力量，便是有意識地選擇正面影響所有與他們相關的人，幫助他們創造能帶來幸福的生活方式。

結語

近三十年前，上師與我分享瞭解內在心智運作的深刻洞見。這些透過他與我們這些僧侶們一脈相承的教義，經過時間考驗，已流傳了兩千多年。

明白這些教義有多深、多簡單、多實用的人，知道將它們應用於日常生活中，能為人們帶來深刻的自我了悟，使人生脫胎換骨，我便是受惠的其中一人。這些教義改變了我的人生，帶來深遠的影響，因此，我希望能與你們分享其中的奧義。

本書是我的心血結晶。我為你而寫，期望你瞭解這些改變了我和許多人人生的教義。然而，不論這些教義多麼博大精深，如果不能在生活中持續應用，最終也是徒勞。**責任的重擔在你身上，一切都取決於你**。你可以走文字之路，談論所讀和所學，或是走個人體驗之路，在生活中應用這些教義，體驗它們帶來的轉變。一切操之在你。

你可能會問：「在這之後呢？」在努力理解這些教義，一次又一次的閱讀之後，讓教義滲透到身體的每個細胞，把它們帶入生活的每個方面。最重要的是練習、練習、練習！學習掌控覺知在心智中的去向，因為你喜歡它為生活帶來的轉變。

當你在生活中實踐這些教義時，必須拿出耐心和同理心，多體諒自己。提醒自己，你是一個蛻變中的人，一棟搭蓋中的建築。儘管有些部分是混亂的，但沒有關係，只要你緩慢但穩定地前進。

你已經獲得了最偉大的禮物——生命本身，本書內容將幫助你的人生活得精彩而豐富。對覺知和心智的瞭解、管理和集中覺知的能力，則是你給自己的最大獻禮。這是治療許多心理疾病的靈丹妙藥，是顯化人生目標、活出人生目的的基本要素。喜悅、幸福和滿足，會是你歷經蛻變後得到的結果，而由此產生的最終結果，是「認識你自己」。

在此，我把古魯德瓦的一句話獻給你們：「在邁向專注的道路上，充滿自信地前進吧！」

致謝

感恩和銘謝是美好人生的關鍵美德。它們是化解仇恨、傷害和悲傷的咒語，
治癒主觀心境的良藥，能恢復自尊、自信和安全感。

——古魯德瓦

沒有任何一件事，可以單憑一個人的力量完成，它是集體的努力，撰寫一本書也需要許多人的同心協力。本書是由所有相信我，並在過程中支持我的人所促成。

古魯德瓦、尤加斯瓦米和承襲同樣教義的大師們：感謝你們在過去五個世代，給予我和我的家人無條件的愛、智慧和指導。

愛麗絲·馬泰爾（Alice Martell），我的出版經紀人：這一切始於妳在這項工作之初對我作品的信任，謝謝妳使之實現。

阿德里安·札克海姆（Adrian Zackheim），我的出版商：感謝你對這部作品的信任，感謝你對我的選擇大膽支持，給了我極大的鼓勵。

企鵝藍燈書屋團隊：感謝你們所做的一切，包含不在眼見之處的部分。你們的努力，使這本書提升、改變許多人生活的使命變得可能。其中，特別感謝安妮·戈特利布（Annie Gottlieb）。

詹姆斯·蘭迪斯（James Landis）、邁克爾·呂岑基興（Michael Lützenkirchen）、羅伯特·范德普滕（Robert van der Putten）、拉吉·湯瑪斯（Ragy Thomas）：你們給予古魯德瓦及我的著作的支持與信任，令我深感榮幸。

薩達卡·哈拉南迪納塔（Sadhaka Haranandinatha）和薩達卡·特賈德瓦納塔（Sadhaka Tejadevanatha）：感謝你們做為我的僧侶兄弟，以及你們對我的愛和信念，這種愛和信念跨越此生。

我的團隊成員，瑪莉蓮（Marilyn）、葉敏（Yeimi）、大衛（David）、

伊喬（Icho）、艾力克斯（Alex）和喬治亞（Georgii）：感謝你們在我全神貫注於寫作本書時，沒有錯過任何一個環節。我對你們每個人充滿感激。

我的母親，感謝她無盡的愛和支持。妳用愛把我帶來這裡，也帶我到我將要前往的地方。

我的女兒，米納克西（Meenakshi）：感謝妳的愛，感謝妳每天給我帶來的深深喜悅，感謝妳在我呼喚妳時趕來，感謝妳用妳的問題以及對覺知和心智的瞭解，啟發了「呼之欲出的真相」這部分的內容。

我的妻子和最好的朋友，塔蒂亞娜（Tatiana）：感謝妳難以置信的愛和耐心，感謝妳一直是我的頭號支持者。如果沒有妳的持續支持和鼓勵，這本書不可能完成。有妳在我的生命中，是我今生的福氣。

國家圖書館出版品預行編目 (CIP) 資料

恆定力：放鬆、專注，凝聚這一刻的力量，超越巔峰 / 丹達帕尼 (Dandapani) 作 . -- 初版 . -- 台北市：三采文化股份有限公司, 2024.03
面； 公分 . -- (Mind map)
ISBN 978-626-358-290-3(平裝)

1.CST: 修身 2.CST: 生活指導

192.1 113000478

◎封面圖片提供：
Andre Schneider

suncolor 三采文化

Mind Map 263

恆定力

放鬆、專注，凝聚這一刻的力量，超越巔峰

作者｜丹達帕尼（Dandapani） 譯者｜盧相如
編輯四部 總編輯｜王曉雯 主編｜黃迺淳
美術主編｜藍秀婷 封面設計｜方曉君
行銷協理｜張育珊 行銷企劃主任｜呂秝萱 版權副理｜杜曉涵 版權選書｜高嘉偉
內頁編排｜中原造像股份有限公司 校對｜謝汝萱 黃志誠

發行人｜張輝明 總編輯長｜曾雅青 發行所｜三采文化股份有限公司
地址｜ 台北市內湖區瑞光路 513 巷 33 號 8 樓
傳訊｜ TEL: (02) 8797-1234 FAX: (02) 8797-1688 網址｜ www.suncolor.com.tw
郵政劃撥｜ 帳號：14319060 戶名：三采文化股份有限公司
本版發行｜ 2024 年 3 月 29 日 定價｜ NT$500

特別收錄

14天恆定力練習

丹達帕尼

使用説明

左方拉頁為「恆定力 14 日練習」，建議你裁下影印，放在每日睡前方便使用的地方。

為了不要一次給太大壓力，這張表格只列出 14 天的欄位，以便你做兩週的追蹤。最左欄有五個欄位讓你填寫想練習的事。請在最上列寫下你想練習的第一件事，再依序列出其他四件事。為自己每天的表現評下 0-3 分，累積兩週後請統計分數，即可看出自己是否有進步。

3：我做得非常好

2：我做得不錯

1：我沒有投入太多精力

0：我沒有做練習

N / A：由於不可避免的原因，我今天沒能完成練習

恆定力練習		1	2	3
事件①	鋪床	5	5	1
事件②	起床後喝一杯水	3	4	2
事件③	好好聽媽媽說話	5	4	

- 參考內文 P234，我的方法是以一個月三十一天計算，最高分為九十三分。你可以由此算出當月得分的百分比，六個月後就能根據結果畫成圖表，看看自己是否有進步。請牢記，進步的最大展現是你的行為有了改變。